Franz Schönhuber

LE PEN

DER REBELL

Front National
Modell für Deutschland

VGB-Verlagsgesellschaft Berg

Schutzumschlag: Graphic Design, G. Herdin, München
Photos:
Archiv des Front National, Saint Cloud
Privatarchiv Jean-Marie Le Pen
Privatarchiv des Verfassers
S. Rabe

Internationale Standard-Buchnummer
ISBN 3 86118 069 3

1. Auflage 1997

Gedruckt in Deutschland

Inhaltsverzeichnis

FN

LE PRÉSIDENT

Saint-Cloud 26 Mai 97

Ceux qui aiment leur Patrie et, à travers elle, toutes les valeurs de solidarité humaine sont des frères qui, quelquefois, s'ignorent et même se combattent.

Et pourtant ce qui les unit est plus fort et plus important que ce qui les divise.

C'est pourquoi j'adresse aux patriotes allemands le salut fraternel d'un patriote français

Jean-Marie Le Pen

Geleitwort

Diejenigen, die ihr Vaterland lieben
und dazu alle Werte menschlicher Solidarität, sind Brüder,
auch wenn sie sich zuweilen ignorieren, ja selbst bekämpfen.
Und doch ist das, was sie eint, stärker und wichtiger
als das, was sie trennt.
Aus diesem Grund überbringe ich den deutschen Patrioten
den brüderlichen Gruß von einem französischen Patrioten.

Jean-Marie Le Pen
26. Mai 1997

Persönliche Buchwidmung durch den Europa-Abgeordneten des Front National, Yvan Blot

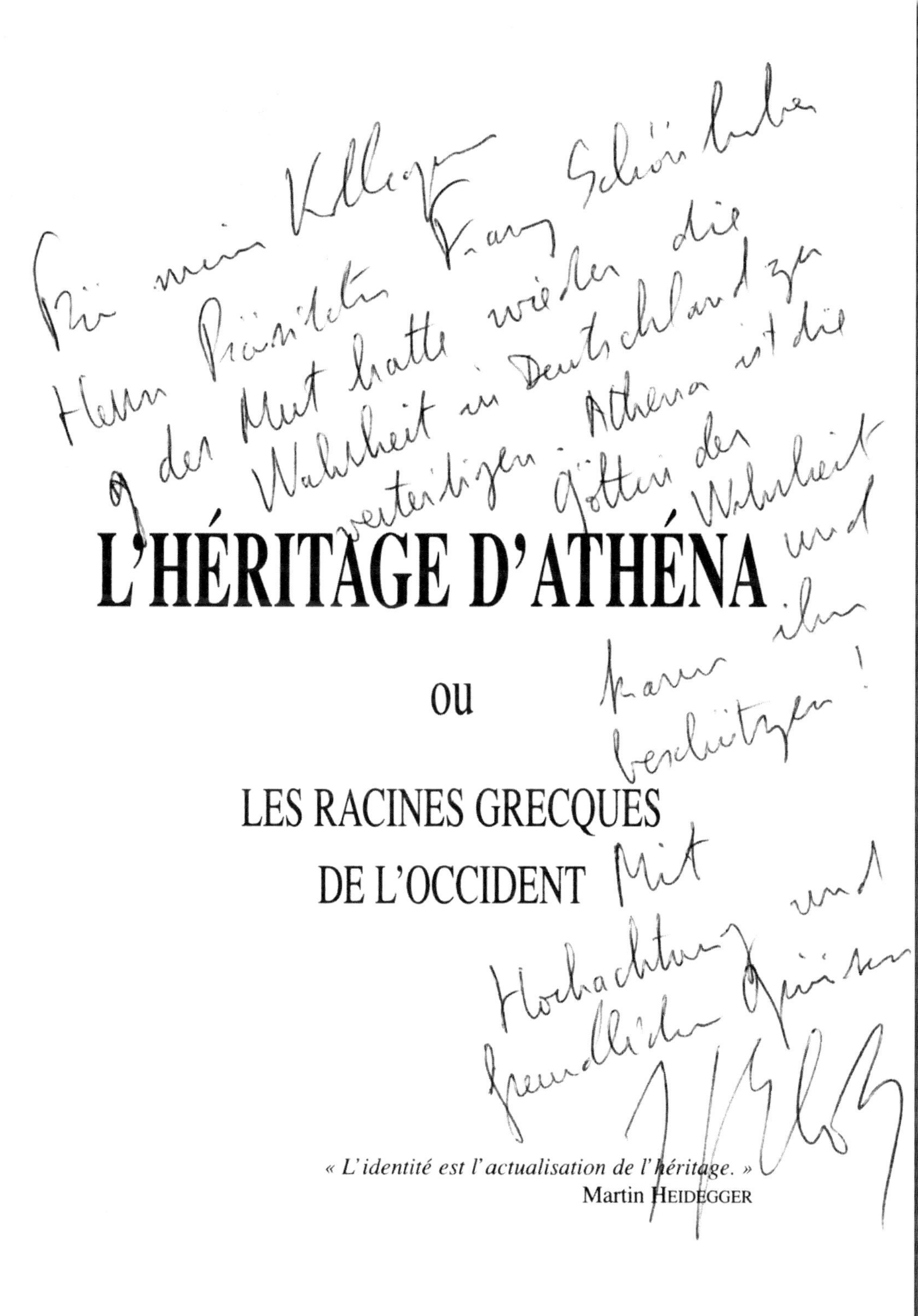

Für meinen Kollegen Herrn Präsidenten Franz Schönhuber der den Mut hatte wieder die Wahrheit in Deutschland zu verteidigen. Athena ist die Göttin der Wahrheit und kann ihn beschützen! Mit Hochachtung und freundlichen Grüßen

L'HÉRITAGE D'ATHÉNA

ou

LES RACINES GRECQUES DE L'OCCIDENT

« L'identité est l'actualisation de l'héritage. »
Martin HEIDEGGER

Vorwort

Was hat mich bewogen, dieses Buch zu schreiben?
Vor allem die Erkenntnis, daß auch in Deutschland Le Pen und seine Partei, der Front National, voreingenommen dargestellt, ja verteufelt wird.
Man will hierzulande nicht wahrhaben, daß vom FN eine Signalwirkung auf andere patriotische Bewegungen in Europa ausgehen kann.
Diesen Fehleinschätzungen und Falschdarstellungen will ich durch Fakten und persönliche Beobachtungen entgegentreten.
Ich war Mitglied des Europäischen Parlamentes von 1989 bis 1994, darunter eine zeitlang Stellvertreter von Jean-Marie Le Pen in der Fraktion der Europäischen Rechten. Ich will nicht verhehlen, daß die Abfassung

dieses Buches eine Gratwanderung darstellt zwischen objektiver Chronistenpflicht und meinem Engagement für eine gemeinsame Sache.
Ich bin mir auch darüber im klaren, daß dabei mein Platz nicht selten jener sein wird, der für einen Publizisten der legitime ist: der zwischen zwei Stühlen.
Ich bin ein Freund Le Pens, aber kein unkritischer.
Die Freundschaft war Belastungen ausgesetzt, sie hielt jedoch bis heute.
In einem Interview mit der Zeitschrift „Europa Vorn“ sagte Le Pen anläßlich eines Treffens mit deutschen Patrioten im November 1996 in Straßburg:
„Sie sollen in Deutschland wissen, daß sie bei uns Freunde haben. Mit Franz Schönhuber verbindet mich nicht nur eine politische Gemeinsamkeit, sondern auch eine persönliche Freundschaft.“
Das vorliegende Buch soll also nicht als Festschrift für den FN verstanden werden. Es wird nicht verschwiegen, daß es auch in dieser Partei „menschelt“. Wie sollte es auch anders sein. Auch im FN gab und gibt es Rivalitäten, Eifersüchteleien und zähes Ringen um programmatische Zielvorstellungen. Das Aufzeigen der persönlichen Hintergründe und der politischen Herkunft von Spitzenfunktionären mag manche Handlungsweisen erklären. Bleibt die Hoffnung, daß es mir glücken möge, den Leser davon zu überzeugen, daß der FN ein Modell für Deutschland abgeben könnte.
Danken möchte ich an dieser Stelle meiner Frau Ingrid für ihre kritische Begleitung beim Schreiben dieses Buches.
Ihre unbestechliche Art, Emotionen klein, Fakten aber groß zu halten, hat mir sehr geholfen.

1. KAPITEL

Das Bekenntnis

Si j'avance, suivez-moi; si je meurs, vengez-moi; si je recule, tuez-moi!".
„Wenn ich vorwärts gehe, folgen Sie mir, wenn ich sterbe, rächen Sie mich, wenn ich zurückgehe, töten Sie mich!".

Mit diesem Hinweis auf den berühmten Appell des Generals La Rochejaquelein während des Aufstandes in der Vendée gegen die Truppen der französischen Revolution von 1789 beendete Jean-Marie Le Pen 1990 seine Rede auf dem Parteitag des Front National in Nizza. Als Ehrengast habe ich den daraufhin ausbrechenden Beifallssturm selbst miterlebt.

Le Pens Sätze werden in Deutschland ein zwiespältiges Echo finden. Ältere Deutsche, die die Appelle des Dritten Reiches noch in den Ohren haben, dürften sich an dramatische Durchhalte-Parolen erinnern; jüngere Deutsche, denen von der Umerziehung jedes Gefühl für Patriotismus ausgetrieben wurde, werden vermutlich verständnislos den Kopf schütteln. Es ist eben ein wesentlicher Unterschied, ob man zu einem Volk der Sieger oder zu den Unterlegenen gehört. Sieger können sich zu ihrer Geschichte bekennen, auch zu deren patriotischem Pathos. Angehörige eines vernichtend geschlagenen Volkes wie das unsere, machen

Philippe Pétain. Das Wirken des Marschalls und Helden von Verdun als Staatschef während der deutschen Okkupation im 2. Weltkrieg spaltet noch heute die öffentliche Meinung in Frankreich.

um alles einen Bogen, was als „gestrig" ausgelegt werden könnte. Aber das kann nicht so bleiben. Der Funke der Erneuerung wird von Frankreich nach Deutschland überspringen. Le Pen trägt dazu bei.

Das echte, stets in Verbindung mit bedeutenden historischen Persönlichkeiten Frankreichs gebrachte Pathos ist typisch für den Front National im allgemeinen und für Le Pen im besonderen. In meinen Augen ist der Bretone ein Mann, in dem das Erbe jener gälisch-irischen Volksführer lebendig geblieben ist, die ihre rhetorischen Kräfte unmittelbar aus dem Volk bezogen. In meiner jahrzehntelangen Zeit als Journalist habe ich nur in London einmal einen Politiker gehört, der ebenso mitreißend wie Le Pen reden konnte. Er kam wohl nicht zufällig aus einem Volk ähnlichen Charakters wie die bretonische Heimat Le Pens, nämlich Wales. Es war der damalige Spitzenpolitiker der Labour Party, Aneurin Bevan, also ein Mann der Linken. Auch er liebte die große Geste, das weit ausholende Pathos. Dieses fand unmittelbar nach dem Kriege noch Resonanz. Die Welt der Medien hat jedoch das Bewußtsein verändert. An die Stelle des Helden ist der Antiheld getreten. Der Deserteur findet eher Verständnis als der sich für sein Vaterland opfernde Soldat. Sparta hat auch in den Schulen ausgedient. Wanderer, kommst Du heute nach Sparta, findest Du Coca-Cola. Die antiken Helden sind vergessen. Verständlich, daß sich auch in Frankreich der ganze Haß der hedonistischen und libertinistischen Gesellschaft auf eine Bewegung konzentriert, die ihre soldatische Grundhaltung nie geleugnet hat.

Zu den Gründern des Front National gehörten Männer, deren Leben von Kriegen geprägt worden war, von den Schützengräben des Zweiten Weltkrieges und der Kolonialkriege. Wäre es bei einer von Anfang an antikommunistisch eingestellten Partei nicht anachronistisch, könnte ausgerechnet ein kommunistisches Lied als Leitmotiv des FN angesehen werden: „Auf, auf zum Kampf, der Kampf ist unser Leben..." Aus dieser Einstellung heraus ist es auch zu verstehen, daß es Le Pen gelang, Kämpfer und Aktivisten aus den verschiedensten Lagern und mit den unterschiedlichsten historischen Erfahrungen zu einer Einheit zusammenzuschweißen. Da agitierten vor-

Der Gegenspieler Pétains, Charles de Gaulle, wurde nach der Befreiung von Kommunisten als „Neo-Nazi" verunglimpft

behaltslos die Anhänger der Résistance, des Widerstandes während der deutschen Besatzungszeit, wie der FN-Europaabgeordnete Michel de Camaret, Mitglied der berühmten „Compagnons de la Libération", Gefährten der Befreiung, Ritter der Ehrenlegion und ehemaliger Diplomat zusammen mit den einstigen Anhängern Pétains und der Regierung von Vichy. Platz war auch für Royalisten und jene Soldaten, die als Kriegsfreiwillige an deutscher Seite zum Beispiel in der 36. Waffen-SS-Division Charlemagne gegen den Bolschewismus gekämpft hatten. Ich denke an das vor einigen Jahren verstorbene Mitglied des Politbüros und engen Mitstreiter Le Pens, meinen Waffenbruder in der Charlemagne, André Dufraisse, scherzhaft „Panzer Bum-Bum" genannt. Er war der Ehemann der unerschrockenen Abgeordneten im Europäischen Parlament, Martine Lehideux. Führende Politiker des FN, wie Bruno Mégret und Yvan Blot kamen von den Gaullisten, wo sie infolge ihres brillanten Sachverstandes bereits wichtige Posten eingenommen hatten. Andere wechselten von den Liberalen zum FN, wie der jetzige Bürgermeister von Toulon, Jean-Marie

Die Jungfrau von Orleans ist das große historische Vorbild des Front National

Le Chevallier oder das Mitglied des Politbüros, Jean-Yves Le Gallou. Sie vereinten sich mit jenen Männern, die erbittert die Algerienpolitik de Gaulles bekämpften, der OAS (Organisation de l'Armée Secrète), der geheimen Armee für ein französisches Algerien nahestanden, oder ihr sogar angehörten. Nicht wenige Angehörige von Mitgliedern des Front National hatten in den Anfangszeiten der Libération fürchterliche Mißhandlungen erlitten, blieben aber trotzdem versöhnungsbereit.

Als Le Pen in Nizza 1990 zu den Klängen des Gefangenenchors aus Verdis Oper „Nabucco" in den Kongreßsaal zog, wurde mir auch klar, warum er gerade diese Musik wählte. Sie sollte wohl symbolisieren, daß wir alle angetreten sind, aus einer von internationalen Kräften gesteuerten zeitgeistigen babylonischen Gefangenschaft auszubrechen. Für diese Grundhaltung wählte er auch die passenden historischen Vorbilder aus: Den gallischen Volksführer Vercingetorix, der sich selbst dem römischen Eroberer Julius Cäsar auslieferte, um seinem Volk weitere Opfer zu ersparen; Vorbildfunktion nimmt auch König Chlodwig der Erste ein, der vor 1000 Jahren Frankreich unter dem Banner des Christentums einte; und Jeanne d'Arc, die Jungfrau von Orléans, die aus Liebe zu Frankreich und Treue zu ihrem Glauben auch den Scheiterhaufen nicht scheute. Ausdrücklich wies Le Pen auch auf die Grognards, die Haudegen der napoleonischen Kriege hin, deren soldatische Tapferkeit sprichwörtlich war. Aber er vergaß auch jene fleißigen Arbeiter aus Portugal, Spanien oder Italien nicht, die nach Frankreich kamen und sich dort voll integrierten. Und er, dem man immer wieder Fremdenhaß nachsagte, zeigte sich stets empört darüber, wie man in Frankreich jene algerischen Soldaten, die „Harkis" behandelte, die auch im Algerienkrieg zur französischen Fahne gestanden waren und ihre Heimat verlassen mußten.

Das Wirken Le Pens aber hat auch meinen und der Republikaner Weg beeinflußt und mitbestimmt.

Jean-Marie Le Pen

2. Kapitel

Das französische Vorbild

Wir schreiben das Jahr 1983. Der Bundestagsabgeordnete Franz Handlos und ich hatten die Partei „Die Republikaner" aus der Taufe gehoben. Ein paar Wochen später stieß ein weiterer CSU-Bundestagsabgeordneter, der Allgäuer Oberstleutnant Ekkehard Voigt hinzu. Die Gründung mit den beiden aus der CSU ausgetretenen Politikern war die Reaktion auf den von dem damaligen bayerischen Ministerpräsidenten Franz Josef Strauß eingefädelten Milliardenkredit an die DDR. Von Anfang an bot die Partei kein einheitliches Bild. Ihr Spektrum reichte von ganz rechts bis links von der Mitte. Franz Handlos wollte die Partei als „liberal" etikettieren, ich nicht. Bei der Gründungsversammlung in München sagte ich: „Mich haben die Erfolge des Front National in Frankreich fasziniert. Der Weg Le Pens sollte auch der unsere sein." Handlos lächelte gequält. Voigt war nicht dagegen. Die Frage, wie man sich gegenüber Le Pen verhalten solle, spielte auch später in der Partei eine kontrovers ausgetragene Rolle. Dabei waren zu unserer REP-Gründungszeit die Erfolge des Front National aus heutiger Sicht noch relativ gering und regional begrenzt. Sie beschränkten sich vor allem auf die Kommunalwahlen. Aber bereits da zeigte sich der „Effet Le Pen", der Effekt Le Pen als Antriebsmotor für die kommenden und sich stetig steigernden Erfolge.

In seinem Pariser Wahlbezirk kommt er 1983, dem Geburtsjahr der deutschen Republikaner, schon auf 11,55% der Stimmen. Landesweit ragen besonders die Ergebnisse in der späteren Hochburg Dreux hervor. Sie sind untrennbar mit dem Namen Stirbois verbunden. Das politische Erbe des 1988 mit 43 Jahren tödlich verunglückten Generalsekretärs Jean-Pierre Stirbois hat dann seine ebenso resolute wie gut aussehende Frau Marie-France übernommen. Eine Wahlverbindung der Anhänger des Front National mit anderen rechten Parteien brachte es in Dreux 1983 beim ersten Wahlgang auf 16,7 Prozent. Der zweite Wahlgang führte dann dazu, daß einer Mehrheit aus Gaullisten, Liberalen und dem Front National der Bürgermeistersessel zufällt.

Allmählich wird die politische Klasse Frankreichs nervös. Das herablassende Lächeln über das Wahlergebnis von Jean-Marie Le Pen bei den Präsidentschaftswahlen von 1976, als er lediglich 0,74% der Stimmen verbuchen konnte, war ihr vergangen. Einige siebengescheite sogenannte Politikerinnen und Politiker, die Wunschdenken mit Realität verwechselten und längst den Kontakt mit dem Volk

Le Pen mit seinem Mitstreiter und Wahlkampfmanager bei der Präsidentschaftswahl von 1988, Pierre Stirbois. Der tödlich verunglückte Ehemann von Marie-France Stirbois galt als eine der großen Hoffnungen des Front National.

Wahlkampf-Diskussion mit Simone Veil. Die Liberale macht sich mit ihrer Prognose vom Untergang des FN lächerlich.

verloren hatten, wollten jedoch den Aufstieg des FN partout nicht wahrhaben. Spitzenreiterin in der Fehleinschätzung der politischen Situation in Frankreich wurde der Darling aller Linken, Liberalen und sogenannten Intellektuellen Frankreichs, Simone Veil. Vor den Europawahlen 1979 rief sie während einer Wahlkampfveranstaltung Le Pen zu: „Legen Sie sich schlafen, Monsieur Le Pen, Sie werden immer nur 1% machen." Was müssen das für die von den Medien zur „Grande Dame" hochstilisierten und späteren Präsidentin des Europäischen Parlaments für Gefühle gewesen sein, als sie im EP den von ihr verspotteten Monsieur 1% als Chef einer rechten Fraktion wiedersah! Zu allem Überfluß lief ihr auch ein enger Mitarbeiter, Jean-Marc Brissaud, davon und schloß sich ausgerechnet ihrem Todfeind Le Pen an. Dieser Übertritt wurde zu einem Gewinn für den Front National. Der in Baden-Württemberg geborene Brissaud erwarb sich als Geschäftsführer der Fraktion der Europäischen Rechten durch seine unverkrampfte Art und umsichtige Tätigkeit auch die Achtung des dem Front National gewiß nicht sympathisch gegenüberstehenden administrativen Apparates, also der Beamten des EP.

Über den Erfolgen von heute wird jedoch allzu schnell vergessen, daß auch in Frankreich die Selbstfindung der rechten Kräfte und ihre endliche Bündelung im Front National alles andere als leicht war. Auch hier waren die Geburtswehen schmerzhaft. Eine Enttäuschung folgte der anderen. Selbst Le Pen zog

Jean-Marc Brissaud

sich für einige Zeit aus der Politik zurück. 1963 gründete er die „Société d'Etudes et de Relations Publique". Er befaßte sich mit der Herstellung von Schallplatten unter dem Namen „Hommes et faits du XXième siècle". Er reproduzierte die Reden und Beschreibungen der politischen Persönlichkeiten, die das zwanzigste Jahrhundert prägten und die aus allen ideologischen Lagern kamen, so Lenin, Hitler, Mitterand, Mussolini, de Gaulle, Pétain usw. Die Qualität dieser Schallplatten mit historischen Inhalten erfuhr in Fachkreisen allgemeine Anerkennung, unter anderem durch die mehrmalige Verleihung von Preisen, zum Beispiel des „Grand Prix du disque". Le Pen kann also mit Fug und Recht sagen, daß er nicht zu jenen Politikern zählt, die von der Politik zu leben gezwungen waren und sind. Würde heute

Le Pen besucht mit Brigitte Bardot Verwundete des Algerienkrieges

In fröhlicher Runde mit Alain Delon

eine Schallplatte oder besser gesagt, eine CD mit Reden und Taten bedeutender Politiker produziert, so müßte auch Le Pen als eine wichtige Figur der letzten Jahre unseres Jahrhunderts angeführt werden.

Aus jener Zeit stammen auch Le Pens Verbindungen zu Film- und Theaterleuten, die sich später vertieft haben. Das ganze linke Frankreich heulte auf, als Brigitte Bardot in ihren 1996 erschienenen freizügigen Memoiren „Initiales BB" durchaus wohlwollende Sätze für Le Pen fand. In der Beschreibung des Besuches eines Lazarettes für Verwundete des Algerienkrieges heißt es auf Seite 184: „Auf diese Weise machte ich die Bekanntschaft von Jean-Marie Le Pen, der von Pierre Lagaillarde begleitet war. (Lagaillarde war einer der herausragenden Streiter für ein französisches Algerien, Anmerkung des Verfassers). Auch sie waren jung und zeigten mir eine uneingeschränkte Dankbarkeit für meine Freundlichkeit... Zufällig begegnete ich Jean-Marie Le Pen wieder anläßlich eines von meinem Anwalt Maître Jean-Louis Bouguereau am 7. Juni 1992 gegebenen Abendessens. Ich traf an diesem Abend auf einen charmanten, intelligenten Mann, der sich wie ich gegen bestimmte Sachen auflehnte, der gebildet war und mit Anekdoten aus Vergangenheit und Gegenwart zu fesseln wußte. Aber mein Schicksal wurde besiegelt durch einen wechselseitigen ‚coup de foudre', einer Liebe auf den ersten Blick, die mich mit einem seiner Freunde, Bernard d'Ormale, verband, im Guten, wie im Schlechten."

Und sie stellt klar: „Was kümmert die Hautfarbe, wenn man Freundschaft empfindet. Aber wenn es eine Gegnerschaft gibt, dann komme man mir nicht damit, von Rassismus zu sprechen."

Kleingeistige sozialistische Bürgermeister revanchierten sich dadurch, daß sie die Büsten der französischen Symbolfigur Marianne, die bekanntlich die Züge der Bardot tragen, aus ihren Amtsstuben entfernten. Allerdings ließ sich trotz ihres jetzigen Ehemannes d'Ormale die Bardot auch vom FN nicht vereinnahmen. Als es in Toulon unter Führung des bekannten jüdischen Autors Marek Halter zu Demonstrationen gegen die Kulturpolitik des FN-Bürgermeisters Le Chevallier kam, wollte dieser zur Rechtfertigung seiner Haltung die Bardot

Der Autor mit dem berühmten Filmregisseur Claude Autant-Lara

als Sympathisantin nach Toulon holen. Zum Ärger und zur Wut der Linksintellektuellen hatte es Le Chevallier gewagt, die Bibliotheken zu durchforsten und ultralinke Bücher, Zeitschriften und Zeitungen entfernen zu lassen. Es war die Antwort auf die vorher geübte Praxis, alles, was als rechts gilt, unter Acht und Bann zu stellen. Doch die Bardot lehnte ab. Das hinderte sie aber nicht daran, einige Zeit später der frisch gewählten FN-Bürgermeisterin von Vitrolles, Catherine Mégret, zu ihrem Sieg zu gratulieren. Dabei bedankte sie sich bei Madame Mégret ausdrücklich für ihre tierfreundlichen Aussagen.

Im April 1997 trat Brigitte Bardot erneut ins Fettnäpfchen. Anläßlich der rituellen Hammel-Schlachtungen am muselmanischen L'Aid-el Kebir-Fest prangerte sie diese erneut als Tierquälerei an und holte zu einem nicht allein die armen Tiere verteidigenden Rundumschlag aus. Angesichts der Morde islamistischer Fanatiker in Algerien sagte sie laut Figaro vom 16.4.1997: „Man metzelt Frauen und Kinder nieder, unsere Mönche und Beamten, unsere Touristen und unsere Hammel. Und eines Tages wird man uns den Hals abschneiden, und wir würden es wohl verdient haben. Ein muselmanisches Frankreich und eine maghrebinische Marianne, warum nicht, bei dem Punkt, an dem wir angekommen sind?"

Schon hatte sie wieder eine Klage wegen Rassismus am Hals. Aber die Sätze des einstigen Weltstars sind Wasser auf die Mühlen des FN. Eine BB findet auch heute noch mehr Anklang beim einfachen Volk, als all die „Gutmensch"-Ergüsse so mancher franzö-

Der scheidende Präsident Mitterand mit seinem Nachfolger Chirac

sischer Schauspieler und Schauspielerinnen, darunter die zu Intellektuellen hochstilisierten Jeanne Moreau oder Catherine Deneuve. Aber aus der BB, dem süßen Schmollmündchen der 50er und dem Sex Symbol der 60er Jahre ist heute eine mahnende, zu mehr Humanität für Mensch und Tier eintretende Heroine geworden: Ein Rollenfach, das ihr in ihrer aktiven Zeit versagt geblieben war.

In den zahlreichen FN-Broschüren werden auch Bilder von freundlichen Begegnungen zwischen Alain Delon, anderen bekannten Schauspielern und dem Chef des FN veröffentlicht. Mit landsmännischem Stolz wies mich Jean-Marie Le Pen darauf hin, daß der Bretone Pierre Brice vor allem in Deutschland als Winnetou-Darsteller Furore gemacht habe und ein guter Bekannter seiner Frau sei. Le Pens Schwiegersohn Samuel Maréchal führte in seinem Buch „Ni droite – ni gauche... Français" – „Weder rechts – noch links... Franzose" – jene Wissenschaftler, Schriftsteller und Schauspieler auf, deren geistiges und kulturelles Erbe jeder neugeborene Franzose schon in die Wiege gelegt bekommen habe: „Wenn ein kleiner Franzose geboren wird, und sei er der mitelloseste, könnte er sich immer auf das glänzendste kulturelle Erbe berufen. Er wird der Sohn Molières und des Heiligen Ludwig sein, von Victor Hugo, von Louis Pasteur und von Napoleon, den Brüdern Lumières und dem Ehepaar Curie, von Edith Piaf und Georges Brassens, von Montesquieu und Michel Audiard, von Sacha Guitry und Louis Jouvet, von François Villon und Johnny Hallyday, vom ‚Unbekannten Soldaten' und der Jeanne d'Arc." Und er fährt fort: „So dargeboten könnte diese Aufzählung widersprüchlich, um nicht zu sagen bunt zusammengewürfelt erscheinen. Aber das Gegenteil ist richtig. Unser Land ist eben eine große Familie."

Welch ein Gegensatz zu jenen „erhabenen" deutschen Rechten, die einen Schlagersänger verächtlich als Kulturbanausen links liegen lassen, die nur „hehres" Liedgut gelten lassen und die sich beim Lesen der wilden, anarchischen, teilweise obszönen Gedichte von Villon vor Abscheu schütteln würden.

Mich persönlich aber beeindruckte am meisten, daß der berühmte französische Film-Regisseur Claude Autant-Lara, eine, wenn auch nur kurze Zeit, der Fraktion der Euro-Rechten angehörte. Der Schöpfer so aufwühlender Filme wie „Le Diable au Corps" (Der Teufel im Leib) mit Michèline Presle und dem unvergessenen Gérard Philip in den Hauptrollen, hielt als Alterspräsident die Eröffnungsansprache zu Beginn der Parlamentszeit 1989 bis 94. Seine Ausführungen beeindruckten mich. Nie hatte ich vorher eine schärfere Abrechnung mit der amerikanischen Kulturpolitik gehört. Weite Teile der Abgeordneten der übrigen Fraktionen schäumten vor Wut, voran pflichtgemäß die deutschen CDU/CSU-Leute. Sie stellten damit unmißverständlich ihre auch später oft zu beobachtende Amerikahörigkeit unter Beweis.

Autant-Lara zog sich einige Monate später wieder aus der aktiven Politik zurück, unterhält aber bis heute gute Beziehungen zu Le Pen.

3. Kapitel

Geburtswehen einer Einigung der Europäischen Rechten am Beispiel der Haltung der Republikaner

Leider kommt man an der Feststellung nicht vorbei, daß von weiten Teilen der europäischen Rechten oder der sogenannten nationalen Rechten die Erfolge des Front National nie richtig gewürdigt oder sogar mißgünstig aufgenommen wurden. Exemplarisch sei dies am Beispiel der deutschen Republikaner dargestellt. Ich erinnere mich lebhaft an die Auseinandersetzungen in dieser Partei über eine Zusammenarbeit mit dem Front National im Europaparlament. Die Meinungen waren geteilt. Das härteste Nein kam aus Stuttgart, also vom Landesverband Baden-Württemberg. Mein Nachfolger, der jetzige Bundesvorsitzende Dr. Rolf Schlierer wollte unter allen Umständen eine Zusammenarbeit mit den „französischen Nationalisten“, wie sie in Stuttgart abwertend genannt wurden, verhindern.

Sie würde das Ansehen der Republikaner in Deutschland beschädigen und sie für bürgerliche Kreise unwählbar machen. Eine weitere Gegenmeinung kam von der damaligen Frauenbeauftragten und stellvertretenden Bundesvorsitzenden Johanna Grund. Für sie war eines der Hauptthemen ihres politischen Einsatzes die Forderung nach einem unabhängigen und vereinten Tirol, also von Süd- und Nordtirol. Als ich sie fragte, was dies alles mit einer Zusammenarbeit mit dem FN zu tun habe, meinte sie, die Südtiroler hätten genug unter den Faschisten gelitten und der Front National habe mit den Neofaschisten, der MSI (Movimento Sociale Italiano) paktiert und in einer Fraktion gesessen. Südtirol habe genug von Alt- und Neufaschisten und deren Verbündeten. Südtirol ist und muß deutsch bleiben. Als ich einwarf, da könne doch nur Österreich gemeint sein, schließlich liege dieses Land zwischen Deutschland und Italien, reagierte sie verstockt. Wahr sei bei aller Sympathie für die Südtiroler wohl auch, daß in der größten Stadt Südtirols, in Bozen, zwar die Steine immer noch deutsch, die Mehrzahl der Bewohner aber inzwischen italienisch sprächen. Und eine neue Vertreibung in umgekehrter Richtung wollten wir doch auch nicht. Daraufhin schwieg sie verbissen und zog sich auf die von ihr so geliebte Märtyrerin-Rolle zurück. Eindeutig für eine Zusammenarbeit sprachen sich neben mir zwei EP-Abgeordnete, nämlich der damalige bayerische Landesvorsitzende Harald Neubauer und Hans Günther Schodruch aus Nordrhein-Westfalen aus. Der Landesvorsitzende von Schleswig-Holstein, Professor Emil Schlee, schwankte zunächst, schwenkte dann aber letztlich doch auf die Linie der Zusammenarbeit im EP ein. Weiter erschwert wurde die Entscheidungsfindung durch den Abgeordneten und Vorsitzenden des Vlaams Block, Karel Dillen, der kategorisch jedes Zusammengehen mit der MSI ablehnte. Gerade für die flämischen Nationalisten war von ausschlaggebender Bedeutung, wie sich eine Partei zu den Minderheiten in ihrem Land verhält.

Gianfranco Fini

Bei dieser Bewertung fiel der MSI durch den Rost.

Um die Lage zu klären, fuhr ich auf Einladung Le Pens zu seinem damaligen Urlaubsort Vevey in der Schweiz. Dort wollte er kuren und sich fit machen für die kommenden politischen Aufgaben. Abgeholt am Flughafen Genf und mit dem Auto nach Vevey gefahren wurde ich vom heutigen Bürgermeister von Toulon, Jean-Marie Le Chevallier, einem der engsten Freunde des Parteivorsitzenden. Der stets verbindliche und hilfsbereite Südfranzose fühlte sich nicht allzu wohl in seiner Haut, hatte ich ihm doch bereits im Auto mitgeteilt, daß meine Parteifreunde wohl, wenn auch unter Bauchschmerzen, infolge meines Eintretens für den FN, einem Zusammengehen mit dieser Partei zustimmten, keinesfalls aber mit dem MSI. Ebenso verhielt sich auch der Vlaams Block.

Wir hatten Verspätung. In dem Hotel warteten bereits voller Ungeduld Gianfranco Fini,

Vorsitzender des MSI und seine Begleiter. Verlegenheit auf allen Seiten. Die Verhandlungen begannen, waren aber schnell zu Ende. Le Pen war sichtlich verschnupft, als ich ihm mitteilen mußte, daß meine Partei eine Fraktionsgemeinschaft mit dem MSI ablehne. Ich verhehlte jedoch nicht, daß ich persönlich anderer Meinung sei, aber die Parteidisziplin ließe mir keinen anderen Weg. Meine Nachricht nahm er wegen einer Kuranwendung auf einer Couch geruhend zur Kenntnis. Unschlüssig standen dann Le Chevallier und ich herum. Auch wenn es nicht die Morgenzeit war, mußte ich doch an die berühmten Levers der französischen Könige denken, die sich beim morgendlichen Ankleiden mit der Nachrichtenlage bekannt machen ließen und von deren positiven oder negativen Beurteilungen ihre Launen abhängig waren. Le Pen war nicht gerade gnädig gestimmt: „Geköpft" wurden wir als Überbringer schlechter Nachrichten zwar nicht, aber übermäßig freundlich verabschiedet auch nicht.

Der Abschied von Fini und seinen Freunden war ebenfalls frostig. Dies verwunderte mich nicht, hatten doch FN und MSI in der vorangegangenen Parlaments-Periode mehr oder minder problemlos zusammengearbeitet. In der Meinung, daß damit eine Fraktionsgemeinschaft mit dem Front National „gestorben" sei, fuhren Le Chevallier und ich alles andere als glücklich nach Genf zurück. Im Radio hörte ich später die Nachricht, daß Le Pen, Haider, Fini und Schönhuber in Vevey zu einem Geheimtreffen zusammengekommen wären. Eine gezielte Falschmeldung! Haider dementierte wütend. Er wolle mit dem Front National nichts zu tun haben. Diese Haltung hat er bis heute nicht geändert.

Le Pen mit seinen beiden Vize-Präsidenten Franz Schönhuber und Karel Dillen in den Jahren 1989/90

Jean-Marie Le Chevallier

Auf meinem damaligen Flug von Genf nach Berlin zu einer Parteiversammlung und von dort nach München gingen mir viele Gedanken durch den Kopf. Ich fand unsere gesamte Situation verkorkst. Eine Chance auf europäischer Ebene schien mir vertan zu sein. Umso größer war meine freudige Überraschung, als ich zuhause die Mitteilung erhielt, Le Pen habe sich für uns und gegen die Italiener entschieden.

Diese Entscheidung war vom Rechenstift diktiert worden. Der FN mit seinen 10 Abgeordneten und der MSI mit seinen vier brachte es nicht auf die erforderliche Zahl von 18 Abgeordneten, die zur Bildung einer Fraktion aus zwei Nationen notwendig gewesen wären. Mit den sechs deutschen Abgeordneten – die Republikaner waren damals die zweitstärkste europäische Rechtspartei – und dem Flamen Dillen wurde das notwendige Quorum für drei Nationen erreicht. Dies sieht vor, daß bei Vertretern aus drei Nationen die Zahl von zwölf Abgeordneten ausreicht. Übrigens, zur Fraktionsbildung lediglich aus einer Nation sind 24 Abgeordnete erforderlich.

Le Pen war seine Entscheidung gewiß nicht leicht gefallen. Er war persönlich mit dem Grandseigneur und Gründer des MSI, dem ehemaligen Staatssekretär in der kurzlebigen faschistischen Republik von Salò, Giorgio Almirante, befreundet gewesen und übertrug diese Freundschaft nach dem Tod seines Mitstreiters im Europäischen Parlament auf dessen „Kronprinzen“ Fini. Zudem war es im Laufe der fünfjährigen vorangegangenen gemeinsamen Fraktionsarbeit zwischen den Franzosen, Italienern und dem dazugehörigen Griechen zu engeren Beziehungen gekommen. In den dem FN nahestehenden Zeitungen wurde die Entscheidung gegen den MSI mit zwiespältigen

Jean-Marie Le Pen mit Giorgio Almirante, dem Gründer des MSI

Die Fraktion der Europäischen Rechten im Jahre 1989 mit den deutschen Teilnehmern; von rechts Klaus-Peter Köhler, Harald Neubauer, Dr. Hans-Günther Schodruch, Emil Schlee, Franz Schönhuber und neben Autant-Lara Johanna Grund

Gefühlen, zum Teil sogar mit offener Ablehnung aufgenommen. Le Pen verteidigte vehement das Zusammengehen mit den Republikanern, und zwar nicht nur aus Gründen der Notwendigkeit, eine Fraktion bilden zu können. Das spätere Verhalten der Leute um Fini gab ihm recht.

Neben der kurzfristig zunehmenden Bedeutung der sich jetzt in Alleanza Nationale umbenannten MSI, die sich von dem dubiosen Medienmogul Berlusconi umarmen ließ und dafür als Preis 1994 im neuen Europäischen Parlament dem früheren Partner Front National die kalte Schulter zeigen mußte, dürfte die Enttäuschung von Vevey Fini zu einem Revanche-Akt verführt haben. Jedenfalls sah dies auch Le Pen so. Er nannte fortan den italienischen Parteivorsitzenden in Anspielung auf die dunklen geschäftlichen Machenschaften Berlusconis „Fininvest".

Dieser Vorgang zeigt, daß es den Rechten in Europa ungleich schwerer fällt, zu einer vernünftigen Zusammenarbeit zu kommen, als den Linken. Das hat sich bis heute nicht geändert. Auch mich trafen Finis Attacken gegen die neue Fraktion persönlich, war ich doch in Deutschland unentwegt dafür eingetreten, den Faschismus nicht mit dem rassistisch geprägten Nationalsozialismus gleichzusetzen. Ich verwies auf eine gewisse emotionale, besser gesagt sentimentale Verbindung mit den nach dem Sturz Mussolinis und dem damit verbundenen

Erste Fraktionssitzung in Straßburg

Abfall Italiens an unserer Seite verbliebenen faschistischen Brigaden, den Camicie Neri, den Schwarzhemden. Gemeinsam hatten wir gegen die Amerikaner, die Badoglio-Truppen und die französischen Verbände des General Giraud gekämpft. Diese Hinweise in meinen Büchern „Ich war dabei“ und „Freunde in der Not“ hatten mir schon in Deutschland in der Presse zu schaffen gemacht. Fini und seine Freunde wußten dies also.

Trotz Finis Tiefschlägen blieb mein Verhältnis zu den Abgeordneten des MSI ausgesprochen gut. Sie waren stärker europäisch orientiert als die FN-Abgeordneten. Das Immigrationsproblem spielte bei dem MSI nur eine untergeordnete Rolle. Ich will auch nicht verhehlen, daß mir die aufgeschlossenere Europa-Haltung der Italiener zeitweilig näherstand als die meiner französischen Kollegen. Zweifellos hat meine Zeit bei der Waffen-SS und hier vor allem bei der französischen Freiwilligen-Division Charlemagne ihre Spuren hinterlassen. Nicht ohne Eindruck blieben dabei die Briefe, die mir von ehemaligen Kameraden der Charlemagne nach Straßburg geschickt wurden. Sie erinnerten mich stets daran, daß wir ja eine supranationale Truppe gewesen waren, deren verbindendes Ideal ein gemeinsames Europa gewesen sei. Sie könnten deshalb meine heutige Einstellung nicht verstehen.

Ich hatte Mühe, sie davon zu überzeugen, daß ich nach wie vor zum Europa-Gedanken stünde, lediglich die jetzige Form der EG und die Brüsseler Administration ablehnte. Daher stammte unsere Losung: „Europa ja, diese EG nein!“

Jörg Haider in Amerika. Er verweigert sich einer Zusammenarbeit mit dem Front National

4. Kapitel

Der rechte Wahnsinn

Im übrigen wiederholte sich das Dilemma einer rechten Fraktionsbildung schon zu Beginn der Parlamentsperiode 1994. Inzwischen hatte das Parlament die Voraussetzungen für eine Fraktionsbildung erschwert. Nötig sind jetzt entweder 14 Abgeordnete aus vier Nationen, 18 aus drei, 24 aus zwei und 29 aus einer.

Gianfranco Fini versuchte mit seiner Alleanza Nazionale einen Flirt mit den Gaullisten. Die aber zeigten ihm die kalte Schulter. Auch eine „gehäutete" faschistische Partei ließ sie die seinerzeitige Forderung Mussolinis nach einer Annexion von Nizza und Korsika nicht vergessen machen. Die separatistische Lega Nord wiederum wollte mit der zentralistischen Alleanza nichts zu tun haben. Die „Bewegung für Frankreich" – „Mouvement pour la France" (MPF) des Adeligen aus der Vendée, Philippe de Villiers, verstand sich zwar auch als rechte Partei, aber „sans outrance", also ohne Übertreibung. Ihre Losung heißt: „National, liberal, moralisch". Haider läßt grüßen! Dessen Vertreter im Parlament aber grüßen nicht einmal die FN-Kollegen. Einen Versuch des FN, Haider zu einer gemeinsamen Fraktion zu bewegen, ließ der Österreicher durch seine

Sprecherin in einer Form beantworten, die allein schon in der Frage eine Beleidigung sah. Sie hatte wohl vergessen, daß nach Berichten von Besuchern die Photos von Haider, Le Pen und mir gemeinsam im Wiesenthal-Center in USA als abschreckende Beispiele von Rassisten ausgestellt waren. Haider wird inzwischen im Gegensatz zu Le Pen von jüdischer Seite kaum mehr angegriffen. Das verdankt er sicher seinem Pakt mit dem jüdischen Schriftsteller Peter Sichrowsky. Dieser notorische Berufsverfolger all derer, an denen er den Geruch von Nazismus wahrzunehmen glaubt, angefangen von den Kindern ehemaliger NS-Größen, hat ausgezeichnete Verbindungen zu jüdischen Kreisen in Amerika. Selbst einem Ignatz Bubis war dieser Mann suspekt geworden, und er entband ihn von der Weiterführung der Arbeit an seiner Biographie „Damit bin ich noch längst nicht fertig". Wie dieser Sichrowsky denkt, brachte er in vielen Büchern zum Ausdruck. Ich erwähne nur „Schuldig geboren - Kinder aus Nazifamilien". Müßte sich da nicht Haider selbst betroffen fühlen, war doch auch sein Vater ein strammer Nationalsozialist? Interessant auch ein anderer Sichrowsky-Titel: „Unheilbar deutsch - Rechte Schicksale und Lebensläufe".

Nun sitzt Sichrowsky für Haiders FPÖ im Europaparlament und ist dort zuständig für den Kampf gegen Rassendiskriminierung. Wäre man zynisch, könnte man es als Rache Jahwes für Sichrowskys Pakt mit Haider betrachten, daß der Neu-Freiheitliche jetzt inmitten der als Nazis diffamierten „Lepenisten", des Vlaams Block und der Alleanza Nazionale auf der Bank der Fraktionslosen sitzen muß.

Obwohl die Halb- und Ganzrechten im Parlament eine schlagkräftige Fraktion bilden könnten, blockieren sie sich gegenseitig. Ihre einzige Gemeinsamkeit besteht darin, daß sie alle zusammen auf die Bank der „Non Inscrits", der Fraktionslosen verbannt sind. Damit sind sie zur Bedeutungslosigkeit verdammt. Sie bekommen keine Fraktionsgelder und haben kein Antragsrecht. Alles in allem sind es 35 Fraktionslose: elf vom Front National, zehn von der Alleanza Nazionale, fünf von der FPÖ, vier von der Lega Nord, zwei vom Vlaams Block, dazu ein wallonischer FN-Abgeordneter, einer aus Rautis von der Alleanza Nazionale abgespalteten MSFT und der Ire Paisley. Da ich selber eine Zeitlang auf der Bank der „Non Inscrits" saß, weiß ich, was das alles bedeutet. Kommt hinzu, daß man als Rechter in den Ausschüssen infolge Mangels kompetenter Zuarbeiter ziemlich alleingelassen ist, daß aufgrund der herrschenden Ächtung auch kaum Hilfe von anderen Parteien erwartet werden kann. Ein Teufelskreis!

Der Nordire Ian Paisley

Die geschilderten Vorgänge zeigen, daß Le Pens Losung: „Toutes les Droites Européennes-unissez Vous" gerade durch die nationalen Bindungen dieser Parteien an die Geschichte und Überlebenskämpfe ihrer Völker und Nationen nur schwer nachzuvollziehen ist. Aufgrund ihrer Ideologie der völkerübergreifenden internationalen Zusammenarbeit und Solidarität haben die linken Parteien in dieser Beziehung weniger Probleme. Man stelle sich vor, bei einer Erweiterung des europäischen Parlamentes kämen auch türkische Rechte nach Straßburg. Wie könnten sie je einen gemeinsamen Nenner mit griechischen Rechten finden, wenn es um die Zypernfrage, den Festlandssockel, um die Kurden oder um die Armenier geht? Wie schwer tun sich baltische Rechte mit einem Mann wie dem Russen Schirinowski, der unentwegt die Wiedereingliederung Lettlands, Estlands und Litauens in ein russisches Großreich fordert? Wie könnten wir Deutschen diesen Mann „schlucken", der bei der Debatte um die von den Sowjets geraubten Kunstschätze in der Duma sagte: „Die Deutschen haben 20 Millionen Russen ausgelöscht und jetzt sollen wir sie auch noch bezahlen? Sie sind Nichtsnutze, Abschaum, Faschisten." Die tschechischen Republikaner halten die Deutschen gar für Menschen, in deren Adern Verbrecherblut fließt. Wie Hund und Katze würden slowakische und tschechische Rechte streiten. Nicht wenige der rechten Slowaken verehren noch heute den als Kollaborateur hingerichteten Priester-Präsidenten Jozef Tiso als großen Patrioten. Er hatte während der deutschen Herrschaft als Präsident eines von der Tschechei losgelösten Staates fungiert. Wie ist die Situation patriotischer Parteien im ehemaligen Jugoslawien, wo sich Serben, Kroaten und Slowenen mörderische Schlachten lieferten und sich jetzt wechselseitig Landraub vorwerfen?

Guiseppe Rauti

Ich versuchte, dieser Situation dadurch zu begegnen, daß ich stets einen begrifflichen Unterschied zwischen national und nationalistisch machte. Wir seien Nationale, sagte ich Le Pen, aber keine Nationalisten. Diese Version aber erschien den Franzosen, und nicht nur diesen als bloße Wortklauberei. Sie blieben bei den „Nationalisten". Ich glaube jedoch, wir Deutschen sollten an dieser Unterscheidung festhalten. Unsere Geschichte hat bewiesen, daß die Übersteigerung eines notwendigen und begrüßenswerten Nationalismus zu jenen Auswüchsen führen kann, unter denen wir zu leiden hatten. Das gilt für die wilhelminische „Es ist erreicht"-Arroganz und noch mehr für das Dritte Reich.

Mit welchen national bedingten Schwierigkeiten auch die befreundeten Rechten am Anfang selbst in Straßburg und Brüssel zu kämpfen hatten, zeigt das Beispiel des Vlaams Block. In ihrem Programm fordern die flämischen Nationalisten, wie sie sich selbst nennen, ein unabhängiges Flandern mit der Hauptstadt Brüssel. Hier ist der Streitpunkt mit den Wallonen vorprogrammiert, die in Brüssel eine mehrheitlich wallonische Stadt sehen. Außerdem sind die Wallonen zu einem hohen Prozentsatz gegen die Teilung und damit Zerschlagung des belgischen Staates. Nun hat Le Pen auch in Wallonien eine nicht unwesentliche Anhängerschaft, auf die er Rücksicht nehmen muß. Nicht nur deshalb traten bei den ersten Verhandlungen 1989 zur Bildung einer gemeinsamen Fraktion so große Gegensätze auf, daß sie zeitweilig zu scheitern drohten. So verbindlich Karel Dillen in der Form auch auftrat, in der Sache blieb er beinhart. Er konnte sich dabei auf die völlige Zustimmung der Vorstandschaft seiner Partei berufen, die im Front National eine zentralistisch ausgerichtete

Partei sah, bei der im eigenen Land Autonomiewünsche, beispielsweise der Korsen, auf taube Ohren stießen. Ich dagegen empfand Unbehagen bei dem Programmpunkt des Front National, der die Wiedereinführung der Todesstrafe vorsah. Nicht zuletzt auf mein Betreiben hatten sich die Republikaner eindeutig gegen die Todesstrafe ausgesprochen. Gegen die Wiedereinführung bin ich noch heute.

Schließlich einigte man sich 1989 auf den kleinsten gemeinsamen Nenner und heraus kam eine „Technische Fraktion der Europäischen Rechten". So erhielten wir die für eine wirkungsvolle Arbeit im Parlament notwendigen Vorteile eines Fraktionsstatus mit dem dazugehörigen Antragsrecht und die nicht unwichtige finanzielle Ausstattung. Dabei aber blieben die einzelnen Parteien mehr oder minder unabhängig in ihren politischen Willensäußerungen und hatten sich keiner Fraktionsdisziplin zu unterwerfen. Nun wurde Le Pen Präsident, ich und Karel Dillen fungierten als Vizepräsidenten, wobei gerade Dillen sich im Parlament durch hohe Präsenz und wirkungsvolle Arbeit auszeichnete. Die weitere Zusammenarbeit mit den Franzosen wurde dadurch erleichtert, daß Dillen und ich französisch sprachen. Dadurch vertieften sich auch die persönlichen Kontakte, die sich nicht selten zu Freundschaften entwickelten. Auf diese Weise wuchs die Fraktion schließlich auch politisch zusammen, die Stimmabgaben erfolgten in zunehmendem Maße einstimmig. Als sich dann bei den deutschen Abgeordneten innerparteiliche Konflikte abzuzeichnen begannen, bemühte sich Le Pen in kameradschaftlicher Weise um Schlichtung. Vergebens, es kam zum Bruch. Gewiß haben dabei äußere Einflüsse, bei denen vermutlich auch Nachrichtendienste eine gewisse Rolle gespielt haben, dazu beigetragen. Nach einer kurzen Phase der Entfremdung stellte sich sehr bald zwischen Le Pen und mir das bis heute andauernde freundschaftliche Verhältnis wieder ein. Äußerer Ausdruck dafür war, daß meine Frau bei dem Bankett zum traditionellen Fest „Bleu, Blanc, Rouge" in Paris 1991 an der Seite Le Pens als Ehrengast sitzen und die Grüße der Republikaner überbringen konnte.

Die damalige Münchner Stadträtin Ingrid Schönhuber überbringt die Grüße der Republikaner

5. Kapitel

Die Herkunft Le Pens

Wer ist dieser Mann Le Pen, in dem viele Patrioten innerhalb und außerhalb Frankreichs die Hoffnung Europas sehen?

Le Pen ist Bretone. Das bestimmende Element dieses Volkes ist das Meer. Vereinfachend könnte man sagen, die Bretonen sind die Friesen Frankreichs. Sie sind gälischer Herkunft, haben ein eigenes Idiom, halten zäh an ihren Sitten und Gebräuchen fest. Vor allem sind sie von sprichwörtlicher Hartnäckigkeit. „Une tête de Breton“, ein Kopf wie ein Bretone. Das ist in Frankreich Ausdruck für einen Sturkopf. Ein eigenartiger Zufall wollte es, daß ich zu einer Zeit, als Le Pen noch ein Jüngling war, ganz in der Nähe seines Heimatortes meinen Dienst als Besatzungssoldat leistete. Dabei lernte ich die Bretonen kennen und schätzen. Sie biederten sich nicht an, zeigten bei jeder Gelegenheit ihren Stolz.

Die Wiege Le Pens stand in dem kleinen Fischerstädtchen Trinité sur Mer, in dem malerischen Distrikt Morhiban. Geboren wurde er am 20. Juni 1928. Er selbst schrieb: „Ich bin französischer Herkunft und bretonischer Rasse.“ Sein Vater ist Fischer, die Mutter kommt aus bäuerlichem Milieu. Mit irdischen Reichtümern ist die streng religiöse Familie nicht gesegnet. Noch heute erzählen sich die Bewohner des Fischerstädtchens, daß Le Pens Mutter als Kind in die Schule mit bloßen Füßen und um den Hals gehängten Schuhen ging, um sie vor Abnützung zu bewahren.

Im Juni 1942 trifft die Familie ein schwerer Schlag. Das Boot des Vaters von Le Pen fährt auf eine deutsche Treibmine. Der Fischer stirbt. Da er von Anfang an mit dem Widerstand sympathisiert hatte, hinterließ er ein Gewehr mit 300 Patronen. Sie sollten bei einer Landung der

Die Eltern Le Pens in traditionellen Hochzeitsgewändern

Alliierten ihre Dienste tun. Der Sohn hat jetzt auch für die Familie zu sorgen. Darüber hinaus macht er Botengänge für die bretonische Widerstandsbewegung, den Maquis von Saint Marcel. Dies zu einer Zeit, als nicht wenige der heutigen etablierten Politiker, darunter der verstorbene Präsident Mitterand, selbst noch im Dienste von Vichy standen. Nach der Volksschule kommt der begabte Schüler auf ein Jesuitenkollegium des heiligen Franz Xaver. Nach seinen eigenen Bekundungen verdankt er dieser Erziehung viel. Sie vertieft auch seine Bindung an das Christentum. Auf eine Episode aus seiner Schulzeit sei noch hingewiesen, die typisch für den späteren Lebensweg Le Pens sein soll.

Die Mutter mit dem kleinen Jean-Marie

Das Meer ist sein Element

Stolz präsentiert sich der junge Jean-Marie als künftiger Steuermann

6. Kapitel

Le Pen, der Soldat

Auf einem von der Schule veranstalteten Kostümball erschien er in der Uniform des Generals Cambronne. Dies ist jener legendäre Haudegen, der als Chef der napoleonischen Garde in aussichtsloser Lage bei Waterloo den anstürmenden und ihn zur Kapitulation auffordernden Engländern zugerufen haben soll: „Die Garde stirbt, aber sie ergibt sich nicht!" Viele Jahre später sollte sich der begeisterte Hochseesegler Le Pen ein Schiff kaufen und es Cambronne taufen. Aber zunächst geht er als Student nach Paris, studiert Politikwissenschaft und Jura, erwirbt hier die Lizenz, die etwa unserem ersten Staatsexamen entspricht, arbeitet in der juristischen Fakultät der Universität mit. Da er kaum über eine finanzielle Unterstützung verfügt, nimmt er jede sich bietende Arbeit an. Dies wird ihm später als Parteiführer zustatten kommen. Im Gegensatz zu den sogenannten Linksintellektuellen, der „Gauche Caviar", für die der Arbeiter das unbekannte Wesen bleibt, kennt Le Pen das proletarische Milieu. Er zeigt, daß er das Zeug zur Übernahme von Verantwortung besitzt und wird, gestützt vom Vertrauen seiner Kommilitonen, Vorsitzender der Vereinigung der Jurastudenten von Paris. Und hier kommt er erstmals auch mit der Politik in Berührung. Er organisiert Hilfsaktionen für die Bevölkerung der in den Niederlanden durch Hochwasser überschwemmten Gebiete, ruft den damaligen Präsidenten der Republik, Vincent Auriol, telefonisch mit der Bitte um Hilfe an. Sie wird ihm gewährt. In seiner Freizeit spielt er Rugby, boxt, engagiert sich im Sport-Comitée Coubertin und amtiert zeitweilig als dessen Vize-Präsident. Nicht wenige der späteren Mitstreiter sind Bekannte und Freunde aus seiner Studentenzeit.

Der Offizier Le Pen
mit seiner einheimischen Ordonnanz

Der Mann aus der Bretagne ist eine durch und durch kämpferische Natur. Er ist politisch wie militärisch nie ein Mann der Etappe gewesen. Er ist es gewohnt, von vorne zu führen. Er wird Offizier, kämpft im Indochina-Krieg als Fallschirmjäger des 1. Bataillons der Fremdenlegion, das für seine Tapferkeit berühmt war. Die Zeit in Indochina aber hat ihn auch sensibel für die Mentalität anderer Völker, insbesondere in Asien gemacht. Bei einem Abendessen in Nizza im Herbst 1996 erzählte er mir, wie sich die dort übliche Verehrung für alte Menschen ausdrückte. Als er seinen vietnamesischen Burschen fragte, wie alt er ihn, den Sous-Lieutenant, hielte, antwortete dieser ehrfurchtsvoll: „Mindestens 60 Jahre, mon Lieutenant." Er wollte damit zum Ausdruck bringen, daß ein weiser und kluger Mann eben ein gewisses Alter haben müsse.

Als Seltenheitswert in der Welt der Politiker ist sein Entschluß anzusehen, als Abgeordneter der Poujade-Bewegung die Nationalversammlung zu verlassen, um freiwillig wieder im ersten Fallschirmjäger-Bataillon der Fremdenlegion in Algerien zu kämpfen. Während die Herren Parlamentarier von „Patrie" und „Gloire", von Vaterland und Ruhm schwadronierten, verteidigte Le Pen unter Einsatz seines Lebens diese Werte. Wir beide haben häufig Erfahrungen aus unseren Militärzeiten ausgetauscht und französische und deutsche Soldatenlieder gesungen. Le Pen kann zwar kaum deutsch sprechen, dafür aber gut auf deutsch singen. Wir durchstreiften in Liedform den Westerwald und den Argonnerwald, ließen den Brandenburger Adler hoch steigen, ritten mit den blauen Dragonern, erinnerten uns an Lilli Marlen, die im Kriege Freund und Feind gleichermaßen ans Herz gewachsen war, stimmten La Madelon, das Lied des Poilu, des französischen Landsers, an und immer wieder den Lieblingsschlager der Fremdenlegionäre und Algerienkämpfer, Edith Piafs „Non, je ne regrette rien". Gerade Soldaten, die oft dem Tod ins Auge gesehen hatten, betrachten das Leben als Geschenk, lieben auch die Annehmlichkeiten.

Als ich zum ersten Mal Jean-Marie Le Pen im Fernsehen gesehen hatte, prägte sich bei mir eine Szene besonders ein: Nach seiner Rede wollte ein Reporter ein Interview. Ebenso freundlich wie kurz antwortete Le Pen: „Pas maintenant, on va bouffer!" – nicht jetzt, erst wollen wir mal futtern! Le Pen ist das, was die Russen eine schirokaja natura nennen, wörtlich eine breite Natur, der Begriff barocke Natur ist damit wohl gemeint. Wenn Le Pen und ich zu Treffen mit russischen Delegationen in Straßburg eingeladen waren, schmolz sehr schnell das Eis zwischen den sich erst steif und formell gebenden Russen und uns. Wir „lagen" ihnen.

Bei Gesprächen mit sozialistischen Abgeordneten, quasi ihren politischen Brüdern, behielten die Russen hingegen ihre vorsichtig distanzierte Art bei. Die Affinität zum russischen Wesen mag Le Pen auch verführt haben, sich in Moskau mit Wladimir Schirinowski zu verbrüdern und bei einem üppigen Bankett auf Zusammenarbeit anzustoßen. Die Parteifreunde in Paris runzelten die Stirnen, da und dort gab es ein leises Rumoren: Was, dieser Polen- und Baltenhasser? Aber in der Behandlung dieses Intermezzos zeigte sich der Unterschied in der Politikfähigkeit zwischen dem Front National und den deutschen Republikanern. Während hierzulande mein einziges Treffen mit Dr. Frey zu einem die Wahlaussichten schmälernden Dauerbrenner hochgeputscht wurde, gingen in Paris die FN-Leute schnell zur Tagesordnung über. Die Sache war „gegessen". Man weiß: Parteiinterner Streit verkauft sich nicht gut.

Gerade wegen seiner soldatischen Haltung traf es Le Pen besonders, wenn ihn einer seiner Freunde und Kriegskameraden enttäuschte. Die Rede ist von Jacques Perrat, dem jetzigen Bürgermeister von Nizza. Die einst unzertrennlichen Freunde dienten in Indochina in der gleichen Kompanie. Später auf politischer Ebene gehörte Perrat zu den engsten Anhängern und Bewunderern Le Pens. Mit dessen Segen verließ er aus wahltaktischen Gründen die Partei und trat als unabhängiger Kandidat im Rennen um den Bürgermeistersessel von Nizza an. Und tatsächlich wurde er der Nachfolger eines anderen Jacques, des toleranten Jaques Médecin, der einer Kampagne von linken Kräften zum Opfer fiel und seinen Stuhl vorzeitig räumen mußte. Erst unlängst erzählte mir Le Pen, daß die eigentliche Ursache seines Sturzes ich gewesen sei. Er hatte nämlich den linken und „antifaschistischen" Kräften nicht nachgegeben, die nach dem Beispiel des Bürgermeisters von Lyon, Michel Noir, ein Aufenthaltsverbot für den REP-Bundesvorsitzenden und „Ançien Waffen-SS" zur Teilnahme des FN-Kongresses in Nizza gefordert hatten. Der gleiche Noir wurde übrigens später als

Fronteinsatz in Indochina

Militärische Ehren für einen gefallenen Kameraden

Betrüger von seinem Posten entfernt und als Krimineller verurteilt. Hier sollte sozusagen in Klammern eingefügt werden, daß gerade die schärfsten Gegner Le Pens, darunter der bekannt zwielichtige ehemalige Minister Mitterands und Präsident des Fußballclubs Olympique Marseille, Bernard Tapie, sich später als Ganoven entpuppten.

In Nizza aber vollzog Perrat einen Schwenk, gab seine Unabhängigkeit auf, wurde Mitglied bei den Gaullisten, und heute stehen sich die beiden ehemaligen Freunde, Le Pen und er als politische Gegner gegenüber. Perrat hatte die Treue gebrochen, ein schweres Vergehen in einer Bewegung, deren Losung heißt: „honneur et fidélité“ – Ehre und Treue. Auch hier zeigt sich der Unterschied zwischen einem siegreichen und einem besiegten Land. Wenn ich in Deutschland darauf hinwiese, daß auf meinem Koppelschloß der Satz stand: „Meine Ehre heißt Treue“ könnte mir ein Verfahren wegen Gebrauchs von „Naziparolen“ angehängt werden.

Aber gerade Soldaten und wahre Patrioten kennen weniger Rachegefühle als Karriere-Politiker, die stets im Winde des Zeitgeistes zu segeln versuchen.

Obwohl die Familien des jetzigen Bürgermeisters von Toulon, Jean-Marie Le Chevallier, und von der FN-Funktionärin Martine Lehideux in den ersten Wochen nach dem Rückzug der deutschen Truppen während der Libération, der Befreiung, furchtbare Mißhandlungen zu erleiden hatten, ließen sie sich später nicht von Rachegefühlen ihre politischen Überzeugungen diktieren. Dabei hat der Front National nie geleugnet, daß Philippe Pétain eine große geschichtliche Figur war und alles versucht hatte, Frankreich im Kriege während der Besatzungszeit vor schweren Schäden zu bewahren, jenes Frankreich, das von den System-Politikern im Stich gelassen worden war, die den militärischen Zusammenbruch der Grande Nation zu verantworten hatten. Auch für die Anhänger des FN gilt der während des Krieges im besetzten Frankreich kursierende Satz:

Im Algerienkrieg: Rechts neben Jean-Marie Le Pen der legendäre Fallschirmjäger-General Jacques Massu

„De Gaulle in London ist das Schwert, Pétain in Vichy der Schild."

Die soldatische Grundhaltung des FN hat ihre Wirkung auf kämpferische Menschen aller politischen Schattierungen nicht verfehlt. Im „Comité de Soutien décorées", einem Unterstützungskomitee von Ordensträgern und Kriegsverwundeten, finden sich zwei Compagnons de la Libération (Gefährten der Befreiung), höchste Anerkennung des Kampfes um eine freies Frankreich: Augustin Jordan und der verstorbene Michel de Camaret, sechs schwerverwundete Kriegsteilnehmer, ein Träger des Großkreuzes der Ehrenlegion, drei höchste Offiziere der Ehrenlegion, 14 Kommandeure der Ehrenlegion, 46 Offiziere der Ehrenlegion, 51 Ritter der Ehrenlegion, 49 Träger von militärischen Verdienstorden, darunter ein hoher Offizier, acht Kommandeure, 18 Offiziere, 22 Ritter, 33 Inhaber von Militärmedaillen, 89 Tapferkeitsmedaillen, 18 Medaillen der Résistance, dazu 27 Freiwillige der Résistance.

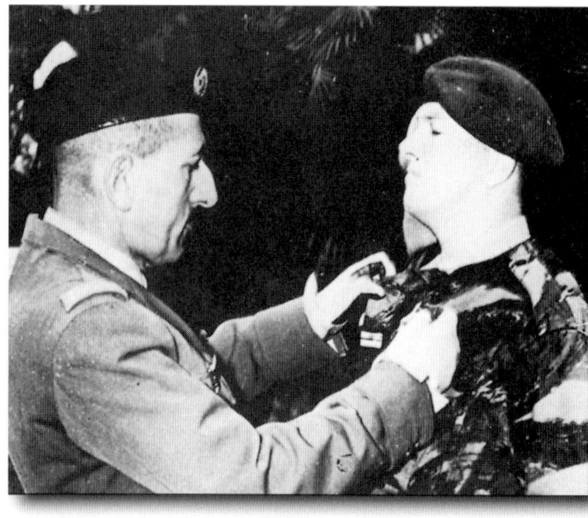

Tapferkeitsauszeichnung aus der Hand von General Massu

Der Autor mit seinem Verleger Dr. Sudholt in der Bibliothek von Malmaison, wo der Orden der Ehrenlegion konzipiert wurde

Während des Algerienkrieges begegneten die späteren Mitglieder des FN der Politik de Gaulles mit Mißtrauen und auch schroffer Ablehnung. Le Pen selbst blieb ein Anhänger eines Algerie Française, eines französischen Algeriens und verfolgte mit Sympathie die Aktionen jener Obristen und Generale, die sich der Unabhängigkeitsentscheidung de Gaulles widersetzten. Le Pen beließ es aber nicht bei bloßen Sympathieerklärungen, sondern er kämpfte. Aus der Hand des berühmten Fallschirmjäger-Generals Massu erhielt er in Algier die militärische Tapferkeitsmedaille.

Nach sechs Monaten kehrte Le Pen nach Frankreich zurück und organisierte den Widerstand gegen die Preisgabe Algeriens mit Meetings und Verteilung unzähliger Flugblätter. Obwohl Le Pen die Teilnahme an einem Militärputsch abgelehnt hatte, begegneten er und seine Freunde den in der geheimen Armee, der OAS (Organisation de l'Armée Secrète) kämpfenden Generälen, Obristen und Soldaten mit offener Sympathie. Die Folge davon war, daß die Partei nach ihrer Gründung gerade durch jene Menschen einen größeren Zulauf bekam, die von der Algerien-Politik de Gaulles tief enttäuscht waren. Zu ihnen gehörte auch der Mitbegründer des FN, Roger Holeindre, der als Unteroffizier in Indochina und Algerien gekämpft hatte. Der mehrfach verwundete und hoch dekorierte Mann gilt als Prototyp eines Soldaten, der vom Kolonialreich geprägt wurde. Er ist heute Präsident des Kriegsteilnehmer-Verbandes im FN.

Diese soldatisch geprägten Menschen sind von einem ganz anderen patriotischen Kaliber

Protestaktionen gegen die Freigabe Algeriens

als beispielsweise die Kommunisten, für die nur jene als ehrenwerte Soldaten galten, die für die Sache des Weltkommunismus gekämpft hatten. So weigerte sich der kommunistische Verteidigungsminister François Billoux in der Nationalversammlung, sich zu Ehren der gefallenen französischen Indochina-Kämpfer von seinem Platz zu erheben. Gerade westliche Demokratien haben ihre Soldaten und einheimischen Mitstreiter in der Stunde der Not häufig im Stich gelassen. Man denke an die Amerikaner und ihre unrühmliche Flucht aus Vietnam. Massakriert von den Vietcong wurden jene zurückgelassenen einheimischen Soldaten, Offiziere, Beamte und Politiker, die an die amerikanischen Hilfsversprechungen geglaubt hatten. Allerdings, die Sowjets handelten in Afghanistan kaum anders.

- Hors série -

Être et durer

Journal du Cercle National des Combattants

Appel officiel de Jean-Marie Le Pen

Créé en 1985, le Cercle National des Combattants a réussi par le travail acharné de son Président Roger Holeindre, aidé par un dynamique Comité Directeur, a être classé parmi les plus importants mouvements d'Anciens Combattants de France.

Depuis dix longues années, Roger Holeindre a relevé le défi qui consistait à remettre en état un ancien séminaire pillé et saccagé pendant deux décennies et qui lui était loué à bail.

Chaque fois que je me suis rendu dans ce qui est devenu la Maison Mère du CNC et le Camp de base des Cadets de France et d'Europe, j'ai été impressionné par la vitalité, l'esprit civique et patriotique qui régnaient en ces lieux magnifiques rendus à la vie.

Je vous demande à tous d'aider le CNC à devenir propriétaire de ce domaine et, d'avance, je vous en remercie.

Jean-Marie Le Pen

UN PEUPLE SANS MEMOIRE EST UN PEUPLE SANS AVENIR

Der FN-Vizepräsident Roger Holeindre bei einem Marsch der Veteranen. Holeindre ist Vorsitzender des Kriegsteilnehmer-Verbandes im FN.

Le Pen bei den Veteranen

Vielleicht war es auch der Soldat in Le Pen, der mich als ehemaligen Soldaten der Waffen-SS bei jeder Gelegenheit verteidigte, was ihm bei der französischen Presse alles andere als Pluspunkte einbrachte. Ich erinnere mich an die stürmische Anfangszeit im Straßburger Parlament, wo man mich mit Schmähungen und wütenden „SS-raus"-Rufen überzog. Le Pen verwies dabei immer wieder auf den militärischen Status der Waffen-SS und nannte sie eine soldatische Elite. Generell kann man sagen, daß kein anderer französischer Politiker in der Nachkriegszeit von den Medien derart schäbig behandelt wurde, wie Le Pen. Um seinen bravourösen Einsatz in Algerien zu diskreditieren, lancierten seine Gegner das Gerücht in die Zeitungen, der Chef des FN sei in Algier an eigenmächtigen Folterungen gegenüber Gefangenen beteiligt gewesen. Der Schuß ging nach hinten los. Und am Pranger standen jetzt jene Medienknechte, bei denen Psycho-Folter und Verleumdungen zu ihrer Berufsausübung zählen.

7. Kapitel

Eine ungewöhnliche politische Karriere

Es war von vornherein klar, daß die bereits während der Studentenzeit und vor allem im Laufe der Militärzeit aufgetretene politische Betätigung Le Pen endgültig zum Politiker formte. 1960 engagierte er sich in der patriotischen Bewegung „Le Front Nationale pour l'Algérie Française" des mutigen Rechtsanwaltes und ebenfalls für ein französisches Algerien kämpfenden Tixier-Vignancour. Dieser Anwalt hatte in einem aufsehenerregenden Plädoyer den OAS-General Salan vor der drohenden Todesstrafe bewahrt. Le Pen fungierte in der Bewegung als Generalsekretär. Er wußte, die Erfolgsaussichten sind gering. Es fehlte ein über den aktuellen Protest hinausreichendes und weite Teile der Gesellschaft ansprechendes Programm. Er selbst bekannte: „Ich ziehe es vor, mit meinen Ideen geschlagen zu werden, als Sieger in den Ideen der anderen zu werden." Obwohl sich in der Bewegung hervorragende Köpfe und untadelige Patrioten befanden, gelang ihr der Durchbruch nicht. Sie versandete. Dann tauchte das Phänomen Poujade auf. Der redegewandte Händler gründete eine populistische Partei. Sie trug den Namen UDCA (Union de défence des commerçants et artisans), einer Vereinigung zur Verteidigung des Mittelstandes und der Handwerker. Sie ist mit der späteren Steuerpartei des Dänen Glisdrup zu vergleichen. Le Pen trat ihr bei und wurde

Le Pen am Rednerpult in der Nationalversammlung

An der Seite von Tixier-Vignancour

ihr bester Agitator. Er setzte sich voll ein und riskierte bei Versammlungen nicht nur seine Gesundheit, sondern sogar sein Leben: Bei einer Saalschlacht wird ihm das linke Auge ausgeschlagen. Ein paar Jahre trägt er eine Augenbinde. Sie gibt ihm das Aussehen eines verwegenen Korsaren.

Die UDCA entwickelte sich in kurzer Zeit zu einer Massenbewegung. Sie fand gerade bei Bauern und Kleinhändlern, die unter der Steuerlast zu leiden hatten, großen Anklang und gewann im Jahre 1956 bei den Wahlen zur Nationalversammlung 52 Sitze. Le Pen zog als jüngster Abgeordneter in das Parlament ein. Er ist gerade 27 Jahre alt. Als ihm aber klar wird, daß sich der geschäftstüchtige Pierre Poujade vom Establishment vereinnahmen läßt, kehrt er dieser Partei den Rücken, die bald darauf in Bedeutungslosigkeit versinken wird.

Noch dauert es eine gewisse Zeit, bis es dann am 5. Oktober 1972 zu der Gründung des Front National kommt. Le Pen wird Präsident. Er hat die ihm gemäße Partei gefunden. Der lange Marsch beginnt. Er wird begleitet von Versuchen der etablierten Parteien, diese patriotische Bewegung zu kriminalisieren. Das Establishment von links und rechts wirft Le Pen und seinen Mitstreitern vor, der Front National sei nichts anderes als der Wurmfortsatz der klassischen französischen Rechten oder faschistischen Rechten vor und zwischen den beiden Weltkriegen. Dies ist so nicht richtig, oder besser gesagt, es war eine billige und historisch nicht zu rechtfertigende Verallgemeinerung. Die Vorkriegs-Rechte war nämlich alles andere als ein monolithischer Block. Sie reichte von Monarchisten bis hin zu Faschisten.

Le Pen als herausragender Wahlkämpfer für die Poujadisten

In diesem Zusammenhang kann die Behauptung gewagt werden, die Geburtsstunde des Links/Rechts-Schemas moderner Prägung hat um die Jahrhundertwende im Verlaufe des Dreyfuß-Prozesses geschlagen. Dieser sensationelle Spionage-Prozeß, in dem der jüdische Hauptmann Dreyfuß wegen Landesverrates zunächst zu lebenslanger Verbannung verurteilt wurde und dann in der nächsten Instanz eine völlige Rehabilitierung erfuhr, spaltete Frankreich in zwei Lager: Die sogenannte republikanische Linke stand einem konservativen Block aus Teilen des Militärs, der Kirchen und des Besitzbürgertums gegenüber. Die Wortführerschaft der einen wie der anderen Seite war mit zwei glänzenden Namen verbunden: auf der linken mit Emile Zola und der rechten mit Charles Maurras. Zolas weltberühmter Artikel „J'accuse" – „Ich klage an", führte zu einer Trendwende zugunsten von Dreyfuß in der öffentlichen Meinung und bereitete den Boden zur Rehabilitierung des Hauptmanns vor. Charles Maurras, der monarchistisch eingestellte Publizist und Mitbegründer der einflußreichen Bewegung „Action Française" dagegen glaubte an die Schuld von Dreyfuß und witterte in dem Bestreben, ihn zu entlasten, eine insbesondere von Juden und Freimaurern beherrschte Verschwörung. Als Maurras nach Kriegsende in einem fragwürdigen Prozeß wegen angeblicher Kollaboration zu lebenslänglicher Haft verurteilt, aber 1948 begnadigt wurde, rief er dem Tribunal zu: „Das ist die Rache für Dreyfuß."

Maurras spielte auf der Bühne der französischen Politik von der Jahrhundertwende an eine bedeutende, kontrovers beurteilte Rolle. Ich traf Anhänger des FN, die das Weltbild von Maurras nicht grundsätzlich ablehnten und in Teilen auch heute noch für richtig erachten. Der Vater des Vize-Präsidenten des FN, Dominique Chaboche, war ein Bewunderer

Jubel bei den Poujadisten. Die Bewegung zieht in die Nationalversammlung ein. Le Pen wird jüngster Abgeordneter.

von Maurras und half bei der Finanzierung von dessen Bewegung mit. Maurras, Mitglied der Académie Française, dem Haus der „Unsterblichen", in den Jahren von 1938 bis 1945 kämpfte unentwegt mit ebenso aggressiven wie brillanten Formulierungen gegen die französische linke Volksfront und warnte vor einem starken, Frankreich bedrohenden Deutschland. Es ist ein tragischer Treppenwitz der Weltgeschichte, daß gerade die geistigen Vorzeigefiguren der späteren Kollaboration aus dem Umfeld von Maurras stammten, der sich jedoch selbst nie von den Deutschen vereinnahmen ließ. Diese Haltung führte zu einer Trennung von seinen Jüngern, die mit den Deutschen zusammengearbeitet hatten, wie zum Beispiel Robert Brasillach. Übrigens gehört der nach dem Kriege zum Tode verurteilte einfühlsame Poet noch heute zu den Lieblingsschriftstellern vieler FN-Intellektueller.

Zur Ehre der französischen Rechten, auch der faschistischen, muß darauf hingewiesen werden, daß fast alle der späteren Kollaborateure sich im Zweiten Weltkrieg dem Dienst an der Waffe nicht entzogen hatten und vielfach wegen Tapferkeit ausgezeichnet wurden. Man denke an den Chef der nicht unbegründet verfemt gewesenen faschistischen Miliz, Joseph

Darnand. Er war im Ersten Weltkrieg hoch dekoriert worden und stand auch im Zweiten Weltkrieg tapfer seinen Mann. Andere Chefs rechter Parteien, wie der Oberst De La Roque oder Georges Valois kamen in NS-Konzentrationslager. Der Anführer einer rechtsradikalen Untergrundbewegung, Eugène Deloncle, wurde von der Gestapo erschossen. Der Teilnehmer am Ersten Weltkrieg, Jacques Doriot, zunächst große kommunistische Hoffnung und roter Bürgermeister von Saint Denis, wechselte dann die Fronten, wurde Gründer der faschistischen Partei PPF (Parti Populaire Français), diente im Zweiten Weltkrieg vor dem militärischen Zusammenbruch als Unteroffizier im 24. regionalen Garderegiment. Nach der Kapitulation Frankreichs kämpfte er an der Spitze der von ihm ins Leben gerufenen französischen Freiwilligen-Legion LVF (Légion des Volontaires Français contre le Bolschevisme) an deutscher Seite als Offizier an der Ostfront. Der Wahlspruch für seine Partei lautete: „Ni droite, ni gauche – Français."

Es bedeutet gewiß keine Akzeptanz der Ideen von Doriot, daß auch Le Pen für seine Partei diese Standortbestimmung in Anspruch nimmt. Beim Kongreß in Straßburg 1997 nahm er eine leichte Modifizierung vor. Da sprach er von „Ni droite – ni gauche – France".

Die Partei definiert sich nach den Worten ihres Theoretikers Bruno Mégret in dem sogenannten Regierungsprogramm „300 mésures pour la renaissance de la France" – „300 Maßnahmen für die Wiedergeburt Frankreichs" so: „Der Front National ist keine Konstruktion eines Erbes der Vergangenheit. Wenn er heute auf der politischen Bühne Frankreichs existiert, dann deshalb, weil es Frankreich schlecht geht und die etablierten Parteien sich ihrer Verantwortung entzogen haben. Er ist folglich in diesem Sinne Ausdruck neuer und originaler Politik, deren Wurzeln im Innersten unserer Geschichte ruhen und in den Werten, die aus uns das gemacht haben, was wir sind. Deshalb ist die Bewegung des Front National berufen, zu regieren. Der FN ist keine Protestpartei, der es nur darum geht, aufzudecken, sich zu rechtfertigen oder um eine, wer weiß welche Revanche für die Geschichte zu schlagen; er ist eine Partei, die sich wie keine andere als politische Antwort auf die Krise versteht, die unser Land durchzieht." (Seite 12 – les 300 mésures pour la renaissance de la France)

Bei gewaltsamen Auseinandersetzungen verliert Le Pen ein Auge

Der Front National ist demokratisch legitimiert. Das hat er bewiesen. Auch wenn bestimmte äußere Erscheinungsformen und die stets demonstrierte Herausstellung Le Pens

Le Pen bei einer Probe mit dem berühmten Schauspieler Pierre Fresnay. Der Schauspieler liest die im Gefängnis von Fresnes entstandenen Gedichte des später hingerichteten Robert Brasillach.

als Führungspersönlichkeit die sogenannten Musterdemokraten irritieren. Hier spielt auch der Neid eine Rolle. Man hätte gerne einen Le Pen, muß sich aber mit den Chiracs und Jospins begnügen. Trotz aller glaubwürdigen Distanzierungen fanden die Gegner des Front National immer wieder Gelegenheit, ihn mit dem Faschismus in Verbindung zu bringen. Sie wiesen darauf hin, daß der Partner Le Pens in der ersten Periode des FN im Straßburger Parlament niemand anderer als der auch von seinen Gegnern geschätzte Chef und Gründer der italienischen MSI (Movimento Sociale Italiano), Giorgio Almirante, war. Der Grandseigneur unter den italienischen Politikern hatte bekanntlich in der kurzlebigen Republik von Salò Mussolini als Staatssekretär gedient. Auch daß an der Spitze der deutschen Republikaner mit mir ein ehemaliger Soldat der Waffen-SS stand, hat es dem Front National in der Abwehr der Diskriminierungen nicht leicht gemacht.

Die veröffentlichte Meinung – nicht nur in Frankreich – handelte stets nach dem Grundsatz: Wechselt jemand politisch von rechts nach links, begibt er sich auf den Weg des Heils, geht jemand in die umgekehrte Richtung, betritt er den Pfad zur Verdammnis. Der verstorbene Staatspräsident Mitterand ist dafür ein klassisches Beispiel. Seine anfängliche Mitarbeit am Vichy-Regime, für die er sogar mit dem höchsten Orden für Pétain-Anhänger, der „Françisque", ausgezeichnet worden war, wurde „gebleicht" mit der auch in Deutschland sattsam bekannten Rezept-Formel für „erhaltenswerte" Personen, sie hätten dadurch Schlimmeres verhütet. Als gar bekannt wurde, er sei in seiner Jugend

300 MESURES

POUR LA RENAISSANCE DE LA FRANCE

FRONT NATIONAL

PROGRAMME
DE GOUVERNEMENT

EDITIONS
NATIONALES

rechtsradikalen Kreisen nahegestanden, war man flugs dabei, diesen braunen Fleck als „Jugendsünde“ abzutun.

Diese Absolution erhielten weder Almirante noch ich. Trotz eindeutiger Bekenntnisse zur Demokratie blieben wir die „Ewig-Gestrigen“. Le Pen und seine Leute hielten diese Diskriminierungen jedoch nicht davon ab, sowohl Almirante wie auch mich zu verteidigen. Die Zusammenarbeit blieb ungetrübt.

Trotz dieser Situation verdankt es der Front National ausgerechnet Mitterand, daß Le Pen der politische Durchbruch erleichtert wurde. Der Super-Taktiker auf dem Präsidentensessel verschaffte Le Pen Zugang zu den Fernsehsendern. Er tat dies nicht aus Gründen der politischen Fairness, nein, ihm ging es darum, das rechte Potential in Frankreich zu spalten. Er hoffte, daß es gelänge, Wähler von den Gaullisten und Liberalen abzuziehen und in das Lager Le Pens zu treiben. Dies verband er mit der Annahme, daß trotzdem der Front National zu keiner wirklichen politischen Gefahr werden könnte. Aber hier erging es ihm wie Goethes Zauberlehrling: „Die ich rief, die Geister, werd’ ich nun nicht los.“

Von allen Sünden, die die Linken heute dem verstorbenen Präsidenten „nachrufen“, zählt die „Wahlhilfe“ für Le Pen und die damit verbundene Fehleinschätzung der politischen Situation in Frankreich als die größte. Vichy hat man ihm zunächst verziehen, sein Verhalten zu Le Pen nicht. Jetzt wurden Spekulationen angestellt und Vermutungen geäußert. Böse Kritiker aus den eigenen Reihen gingen sogar so weit, Mitterand vorzuwerfen, seine Vichy-Zeit habe doch ihre Spuren bei ihm hinterlassen, und seine versteckte Sympathie für die Rechten habe er nie ganz unterdrücken können. Diese Theorie hat zwar wenig Wahrscheinlichkeitsgehalt, aber sie paßt zum Erscheinungsbild eines Mannes mit sphinxhaften Zügen. In dieses verworrene und kaum durchschaubare politische Beziehungsgeflecht fügt sich durchaus, daß Le Pen einmal gesagt hat, für den heutigen Präsidenten und Gaullisten

Bruno Mégret

Chirac empfinde er noch weniger Sympathie, als für den Sozialisten Mitterand. Beide, Mitterand wie Le Pen haben, verbunden mit symbolträchtigen Gesten und Handlungen, eine weit größere Beziehung zu den Abläufen und Lehren der Geschichte gezeigt, als der von der Nachkriegszeit geprägte Apparatschik Chirac. Manche politische Beobachter sehen darin einen Ausdruck der Strategie des FN: Man hoffe auf eine Schwächung der Gaullisten und Liberalen und auf die Machtübernahme der Sozialisten. Diese aber würden bei der Bewältigung der schweren Aufgaben scheitern und nur der FN böte sich als Retter an. Eine Rechnung, die aufgehen kann, aber nicht zwangsläufig aufgehen muß. Entscheidend wird sein, was die Linken aus ihrem Wahlsieg vom 1. Juni 1997 machen werden.

8. KAPITEL

„Antifaschistischer" Terror

LES VERTS
en danger ce soir
à EINDHOVEN
(Télévisé sur A2 à 20 h)

Le Parisien

1,20 F Belg. 8 FB. Lux. 8 FL. Suisse 0,90 FS
Espagne 25 pesetas. Italie 250 lires

32e année N° 9988 MERCREDI 3 NOVEMBRE 1976

LE MIRACLE DE LA TOUSSAINT

GUILLAUME (2 ANS) PROJETÉ DU 5ème ÉTAGE PAR UNE BOMBE RETROUVÉ PRESQUE INDEMNE !

Guillaume Pron, 2 ans, gardera-t-il le souvenir de l'incroyable plongeon de 5 étages qu'il vient de faire, par le flanc béant d'un immeuble que détruisait l'explosion de 5 kgs de dynamite ? Le bras gauche (fracturé) dans une attelle, le bras droit immobilisé contre son torse bandé, on veut espérer que l'enfant ne gardera du moins (miraculeusement), aucune trace de cet attentat aveugle qui aurait pu le tuer 100 fois.

Accusera-t-on, cette fois encore, " l'O.A.S. " ? L'attentat fait suite au congrès du " Front national " dont un voisin de l'enfant, M. Jean-Marie Le Pen, se trouve être le président. Un petit groupement politique peut-il encore tenir congrès ? La télé peut-elle rendre compte des déclarations de son président sans que tous les voisins tremblent pour leur vie et pour leurs biens ? C'est la qestion posée par l'attentat. Il n'y a pas de liberté sans sécurité. La " libéralisation ", qui remet sans cesse en liberté " malfrats " et terroristes, détruit littéralement la liberté.

Die Pariser Wohnung Le Pens wird durch einen Bombenanschlag nahezu völlig zerstört

Als die Dynamik des Front National zunahm, wurden die Angriffe auf seine Anhänger stärker und gewalttätiger. Am 1. November 1976 wurde Le Pens Pariser Wohnung durch ein Bombenattentat fast völlig zerstört. Glücklicherweise kamen Le Pen und seine Familie mit dem Leben davon. Zum Zeitpunkt des Anschlages waren sie auf einer Ferienreise. Wohnungslos geworden, mußte die ganze Familie bei Le Pens Freund, Jean-Marie Le Chevallier, in dessen Wohnung Zuflucht suchen. Le Chevallier war noch kurze Zeit zuvor ein engagierter Anhänger des späteren Präsidenten Giscard d'Estaing gewesen, bis er dessen doppelbödige Haltung erkannte und ihm enttäuscht den Rücken kehrte. Die sehr enge persönliche Bindung des Front-Chefs zum jetzigen Bürgermeister von Toulon geht nicht zuletzt auf die großherzige Geste der Familie Chevallier nach dem Bombenattentat zurück.

Doch der Terror ging weiter. Er kulminierte in dem feigen Mord an dem 37jährigen Mitglied des Politbüros und der rechten Hand von Le Pen, François Duprat, am 18. März 1978. Seine Mörder hatten eine Bombe unter seinem, in einen Hinterhalt gelockten Wagen angebracht. Der Front National war nun voll in die Zielscheibe der sogenannten Antifaschisten geraten. Wie das aussieht, habe ich als Parteiführer auch in Deutschland erlebt, als mir „antifaschistische" Schläger entgegenbrüllten: „Kommt Zeit, kommt Rat, kommt Attentat!" Und es blieb auch bei uns nicht nur bei Ankündigungen.

In Toulouse wurde im Mai 1984 das Sportzentrum am Vorabend einer geplanten FN-Veranstaltung in die Luft gesprengt. Zum weiteren „Repertoire" der sogenannten Antifaschisten gehörten Blockaden von Landebahnen für Flugzeuge, in denen Le Pen und andere Front-Funktionäre saßen. Zufahrtsstraßen zu Veranstaltungen wurden durch Öl und Seifen unpassierbar gemacht.

Die blutige Bilanz des Terrors gegen den FN bis 1996: acht Tote, 75 Schwerverletzte,

Todesdrohungen gegen Le Pen

16 Bombenattentate. Hand in Hand mit den Mordanschlägen gegen die Front-Anhänger gingen die Versuche, den Spieß umzudrehen und der Partei wider besseres Wissen Attentate zuzuschieben. Ich erinnere mich an einen der scheußlichsten Versuche dieser Art: Es geschah während eines Fraktionstreffens der Europäischen Rechten in Dänemark, in der unmittelbaren Nähe des Hamlet-Schlosses Helsingör Anfang Mai 1990. Mitten in unsere Konferenz platzte die Nachricht, in der südfranzösischen Stadt Carpentras seien in der Nacht vom 8. zum 9. Mai, während Le Pen in der Fernsehsendung „L'heure de vérité" – Stunde der Wahrheit – auftrat, jüdische Gräber geschändet, die Skelette aus den Särgen herausgerissen und beschmiert worden. Ein Sturm berechtigter Entrüstung tobte durch den Blätterwald der Weltpresse. Aber sofort wurden, ohne die Untersuchungen abzuwarten, die „Schuldigen" ausgemacht: Leute vom Front National. Der

Terror ist die Waffe bestimmter „antifaschistischer" Gruppierungen

Das verwüstete Parteibüro des Front National

sozialistische Innenminister Pierre Joxe sagte, schon bevor die polizeilichen Ermittlungen anliefen, er kenne die Schuldigen, sie stammten aus der extremen Rechten, sprich FN. In der Presse und von etablierten Politikern wurde schon nach einem Verbot des FN gerufen. Die von den Massenmedien hochgeschriebene linke Schriftstellerin Marguerite Duras tönte in diversen Fernsehsendungen: „Jeden Morgen töte ich Le Pen mit aller Kraft. Schon beim Aufwachen fange ich an, ihn zu töten." Linke „Humanität"!

Le Pen setzte sich erbittert zur Wehr: „Die abscheuliche Schändung des jüdischen Friedhofes von Carpentras hat mich entrüstet und empört wie alle Menschen, die ein Herz haben. Ich habe dies gesagt und sage es immer wieder. Aber schon zu Beginn dieser Affaire habe ich gerochen, daß man versuchen wird, sie gegen den Front National und gegen mich auszuschlachten. Sollte damit nicht Druck auf die Senatoren ausgeübt werden, damit sie den kommunistischen Antrag annehmen, der zum Ziel hat, unsere Partei für vogelfrei zu erklären und damit unsere Kandidaten unwählbar zu machen?"

Nach dieser noch auf dänischem Boden abgegebenen Erklärung reiste Le Pen nach Paris zurück. Zum Abschluß unseres Fraktionstreffens in Dänemark gab es eine Pressekonferenz. Sie war überfüllt, die Stimmung gereizt. Als Stellvertreter Le Pens hatte ich die Fragen der Journalisten zu beantworten, die im Tone von Staatsanwälten vorgetragen wurden. Es ging nur noch um Carpentras. Ich gab auch im Namen meines flämischen Kollegen Dillen und meiner deutschen Kollegen eine Vertrauenserklärung für Le Pen und den Front ab, verurteilte aufs schärfste die politisch motivierte Verleumdungskampagne gegen den Front National, den ich für absolut unschuldig hielt.

In Frankreich aber dauerte der Kampf um die Wahrheit von Carpentras noch monatelang an. Immer unverhüllter wurden die Schuldzuschreibungen an den FN. Verzweifelt kämpfte die Partei gegen diese ungeheuerlichen Verleumdungen an. Die einzige direkt über ihren Stimmbezirk Dreux 1989 in die Nationalversammlung gewählte FN-Abgeordnete Marie-France Stirbois mußte sich bei der Verteidigung der Ehre ihrer Partei im Plenum wüst beschimpfen lassen, insbesondere von den Kommunisten. Sie riefen der Mutter von

Einer der engsten Mitarbeiter und Freund Le Pens, François Duprat, fällt einem heimtückischen Bombenattentat zum Opfer

zwei Kindern unter allgemeinem Gejohle zu: „Eva Braun vor dem Tor!" Ausgerechnet die Kommunisten! Während diese nach dem Hitler-Stalin-Pakt die Stillhalte-Order aus Moskau befolgten, kämpfte die Mutter von Frau Stirbois zusammen mit ihren Schwestern in den Reihen der Résistance.

Das Parlament erlebte eine seiner hitzigsten Debatten. Madame Stirbois wandte sich an den Innenminister mit der Frage: „Herr Minister, Sie haben behauptet, Sie würden die Kriminellen kennen…" Jean-Pierre Brard (kommunistischer Abgeordneter) „Das sind Sie!"

Stirbois: Und Sie, Herr Minister, haben ausdrücklich Jean-Marie Le Pen damit in Verbindung gebracht. Sie haben damit nicht nur den Front National und seinen Präsidenten diffamiert, sondern auch Frankreich und die Franzosen." (Lachen und Zwischenrufe auf den Bänken der Sozialisten und Kommunisten)

Und als dann Madame Stirbois den Minister aufforderte, sich öffentlich bei dem Front

Die geschändeten Gräber von Carpentras (oben)

Marie-France Stirbois zieht in die Nationalversammlung ein und verteidigt leidenschaftlich den FN gegen böse Verdächtigungen (unten)

Neuer Einbruch im Parteibüro

National und Jean-Marie Le Pen zu entschuldigen und zurückzutreten, schrien die Sozialisten der couragierten Abgeordneten ein wütendes Non, Non, Non entgegen. Kommunistische Abgeordnete lachten sogar gehässig, als Marie-France Stirbois darauf hinwies, daß auch das Grab ihres verunglückten Ehemannes geschändet worden sei.

Erst im April 1997 kam die ganze Wahrheit an den Tag. Psychisch gestörte Phantasten und Fanatiker hatten sich zu dieser scheußlichen Tat bekannt. Mit dem FN hatten sie nichts zu tun.

In der Rückblende fällt mir ein, daß auch der MSI unter dieser unberechtigten Vorverurteilung zu leiden gehabt hatte. Ohne jeden Beweis versuchten Teile der Weltpresse, das fürchterliche Bahnhofs-Attentat von Bologna, wobei fast 100 Menschen ums Leben kamen, den sogenannten Neofaschisten in die Schuhe zu schieben. Und auch gegen die Republikaner wandte man ähnliche Formen der Kriminalisierung an. Ich erinnere an das Verhalten von Herrn Bubis, Vorsitzender des Zentralrates der Juden in Deutschland, der nach den Brandanschlägen gegen Asylantenheime Anhänger der Republikaner als Brandstifter diffamiert hatte.

Diese Methode zeigte Wirkung. Sie trug zum Rückgang der Republikaner bei den anstehenden Wahlen bei. Nach der Bundestagswahl von 1994 hörten die Brandanschläge nahezu gänzlich auf. Und wenn es heute in einem Asylantenheim brennt, wird von den Medien, nicht wie früher, sofort der Satz nachgeschoben: Die Täter werden in rechtsradikalen Kreisen vermutet. Böse Ahnungen bedrängen mich und lassen mich an ein Sprichwort denken: „Der Mohr hat seine Schuldigkeit getan..."

Aber im Gegensatz zu führenden Funktionären der Republikaner, die aufgrund der Bubis-Unterstellungen den Kopf einzogen, ließen sich die Anhänger des Front National nicht entmutigen. Sie räumten auch die Straßen nicht. Von Jahr zu Jahr wurden die Kundgebungen machtvoller. Alljährlicher Höhepunkt war und ist das Fest „Bleu, Blanc, Rouge" (Blau, Weiß, Rot, die Farben der französischen Trikolore), das im Herbst im Zentrum von Paris zu Ehren der Jungfrau von Orléans abgehalten wird. 1996 gingen dabei fast 100000 Menschen auf die Straße. Die Massenmedien, auch die in Deutschland, waren schockiert. Ängstliche Fragen: Kann der Funke überspringen? Gewiß nicht, solange die deutsche Rechte gespalten ist und dem Kampf gegeneinander Priorität vor der Auseinandersetzung mit dem gemeinsamen politischen Gegner gibt.

Auch jene Politologen, die den rechten Parteien alles andere als freundlich gegenüberstehen, haben erkannt, daß dort die sogenannte extremistische Gewalt am geringsten ist, wo eine starke patriotische Kraft eine gewisse Bindewirkung auch auf jugendliche Hitzköpfe ausübt und ihnen Parteidisziplin auferlegt. Das hat der FN in Frankreich insbesondere durch seine öffentlichen Aktionen geschafft. Dies im Gegensatz zu den heutigen Republikanern in Deutschland, die durch ihre permanente Ausgrenzungspolitik den Nährboden für jene vagabundierenden, politisch heimatlosen Gruppen mit geschaffen haben, die ihren Frust durch Gewalt und Alkohol abreagieren. Wer jemand links liegen läßt, drängt ihn an den äußersten rechten Rand. Es ist nicht so, daß alle Skinheads nicht ansprechbar und mit guten Argumenten sogar zu überzeugen wären, daß Gewalt kein Mittel zur Durchsetzung politischer Ziele darstellt.

Je erfolgreicher der Front National wurde, umsomehr steigerten sich die haßerfüllten Aktionen linker Chaoten. Demonstrativ ließ Le Pen einmal seinen durch Steinwürfe und Brandsätze schwer beschädigten Wagen vor dem Eingang zum Straßburger Parlamentsgebäude stehen. Ich hörte, wie sogenannte „seriöse" und etablierte Parlamentarier im Vorbeigehen schadenfrohe Bemerkungen machten, darunter auch solche, die sich in ihrem Parteinamen auf Christus beziehen. Zum Glück hatte Le Pen an seiner Seite stets einen hervorragenden Leibwächter, zunächst seinen persönlichen Freund Robert „Freddy" Moreau. „Freddy" ist heute Conseiller regional (Regionalrat) in Nord-Pas-de-Calais. Über seine Fähigkeiten als Schützer hinaus konnte ich immer seine Weltgewandtheit und Liebe zur klassischen Musik bewundern. Zwei Seelen wohnten in seiner Brust, eine musische und eine kämpferische. Er war einer der besten Ringer und Catcher der Welt gewesen. Nicht nur mit mir, sondern auch mit seinem deutschen Kollegen, meinem damaligen Leibwächter Hermann Steingraber, schloß er Freundschaft. Ich habe beiden oft beim Fachsimpeln zugehört, war doch auch Steingraber ein sportliches As gewesen. Ihn schmückte der Titel eines Vize-Weltmeisters in der Kampfsportart Taekwondo.

Als Le Pen in Begleitung von Moreau meine Frau und mich schon vor den Europawahlen in meiner Wohnung in Rottach-Egern besuchte, waren wir sehr schnell in sportliche Diskussionen verwickelt. Dabei wurde der Politiker in mir zeitweilig vom ehemaligen Sportreporter verdrängt. Der ebenfalls sportlich sehr interessierte Le Pen, in seiner Jugend Rugby-Spieler, und ich mußten aufpassen, daß der eigentliche Zweck dieses Treffens politischer Natur blieb und nicht von Bewertungen und Erinnerungen an Boxer, Ringer und Rugbyspieler in den Hintergrund gedrängt wurde.

9. Kapitel

Der FN und die deutsche Wiedervereinigung

Die Europawahl von 1989 fiel nahezu zeitgleich mit der Wiedervereinigung Deutschlands zusammen. Seit Jahren hatten wir für diese gekämpft. Erbittert hatten wir uns gegen die Auffassung von Willy Brandt gewehrt, daß man sich mit der Existenz zweier deutscher Staaten abzufinden hätte und die Wiedervereinigung die Lebenslüge der Deutschen sei. Wir empfanden auch den Ausspruch von Helmut Kohl, die Wiedervereinigung stehe nicht auf der Tagesordnung der Weltgeschichte als nichts anderes, denn eine billige Entschuldigung für unterlassene Bemühungen. Dann nahm das mitteldeutsche Volk die historische Aufgabe selbst in die Hände und erzwang die Wiedervereinigung. Und damit kam der Arbeit der Fraktion der Europäischen Rechten in Straßburg eine besondere Bedeutung zu. Um dies zu dokumentieren, hielten wir in den Tagen der Maueröffnung unser Fraktionstreffen in Berlin ab. Und auch hier stellte Le Pen seine Solidarität mit uns Republikanern unter Beweis. Als unser Bus die formal noch existierende Zonengrenze passieren wollte, wurde mir als einzigem Fraktionsmitglied die Einreise in die Übergangs-DDR verweigert. Le Pen, der von den Grenzern mit ausgesuchter Höflichkeit behandelt wurde, stellte unmißverständlich fest: „Entweder wir alle fahren, oder keiner." Und als dies, wie der Grenzer sagte, auf Befehl des Ministerpräsidenten Modrow nicht akzeptiert wurde, fuhr der Bus in den Westen zurück. Bei einer Pressekonferenz stellte Le Pen klar, daß der Front National ein eindeutiger Befür-

Jean-Marie Le Pen mit seinem Leibwächter „Freddy" Moreau an der Berliner Mauer

Der Autor darf die provisorische DDR-Grenze nicht passieren (unten)

worter der deutschen Wiedervereinigung sei. Das war keine Selbstverständlichkeit. Nicht wenigen Franzosen sitzt die Urangst vor einem wiedererstarkten Nachbarn im Genick, und manche teilen gewiß die Meinung des berühmten Schriftstellers François Mauriac, der einmal spöttisch gesagt hatte: „Ich liebe Deutschland so sehr, daß ich glücklich bin, daß es gleich zwei davon gibt."

Berlin war übrigens schon das zweite Treffen der Fraktion der Europäischen Rechten auf deutschem Boden. Das erste hatte im Herbst 1989 in Bad Reichenhall stattgefunden. Einige Mitglieder der französischen Delegation besuchten mit mir die Stätte, wo elf blutjunge französische Freiwillige der Waffen-SS-Division Charlemagne rechtswidrig noch am 8. Mai 1945, dem Tag der deutschen Kapitulation, auf Befehl von General Leclerc de Hautecloque von einem Erschießungskommando der in Bad Reichenhall eingerückten französischen Soldaten hingerichtet wurden. Gemeinsam legten wir an der Gedenkstätte Blumen und

Le Pen und der Autor bei einer gemeinsamen Veranstaltung in Bad Reichenhall im Oktober 1989

Kränze nieder. Für das Fernbleiben von Le Pen hatte ich Verständnis. Er wollte keine Schlagzeilen in der französischen Presse haben: Im Beisein eines SS-Mannes ehrte Le Pen französische Faschisten. Damals hörte ich von ihm auch erstmals den Satz: „Laßt die Toten die Toten begraben."

Hier in Bad Reichenhall entstanden auch die ersten persönlichen Kontakte unter den Delegationsteilnehmern. Besonders die Südfranzosen, unter ihnen auch Angehörige des Parlamentstrosses, fühlten sich in Bayern wohl. Die Alpen erinnerten sie an die Pyrenäen. Erstaunt sahen die Einheimischen und Kurgäste als Besucher einer gemeinsamen öffentlichen Kundgebung Le Pen und mich Arm in Arm in den Festsaal ziehen. Noch größer aber war die Überraschung, als die Blaskapelle nicht den sonst üblichen bayerischen Defiliermarsch schmetterte, sondern die Klänge der französischen Nationalhymne, der Marseillaise, den Blasinstrumenten entlockte. Es gab stürmischen Beifall. Im stillen dachte ich, gut, daß kaum jemand den Text dieser blutdürstenden Hymne kennt. Ich weiß ja, daß viele Bayern, auch Republikaner, über ihren „Kini" nichts kommen lassen und wenig erfreut über die Begleitmusik gewesen wären, unter der die französischen Royalisten zum Galgen gekarrt worden waren. Aber das ist Geschichte. Auch den Franzosen gefiel dieses Spektakel. Der Front National hat ja eine starke Bindung zu Traditionen und Gebräuchen. Auch Trachten- und Folklore-Darbietungen haben dabei einen geachteten Platz.

Auch im Europa-Parlament trat der FN ohne Wenn und Aber für die deutsche Wiedervereinigung ein, was bei manchen französischen Abgeordneten insgeheim gewiß nicht ganz ohne innere Vorbehalte abging. Sie nahmen zum Beispiel polnische Befürchtungen ernst. Auch im Front National waren die

Auf dem Gipfel des Predigtstuhls, des Reichenhaller Hausberges

engen, auf napoleonische Zeiten zurückgehenden freundschaftlichen Bindungen zu Polen spürbar. Der stark religiös geprägte Europa-Abgeordnete des FN, Bernard Antony, war bei seinem Polen-Besuch in Danzig vom späteren Staatspräsidenten Lech Walesa herzlich umarmt worden. Vor die Fernseh-Kameras waren sie mit einem gemeinsamen Siegeszeichen getreten. Da ich wußte, wie geschichtsbewußt die französische Fraktion ist, wies ich bei meinen Ausführungen zur Wiedervereinigung mehrfach darauf hin, daß ich den polnischen Beitrag zur europäischen Kultur durchaus zu schätzen wisse, daß ein polnischer König in hohem Maße dazu beigetragen habe, den türkischen Ansturm auf das Abendland vor Wien abzuwehren. Bewußt erwähnte ich auch, daß der spätere Generalissimus Maxime Weygand als Militärberater der polnischen Armee einen hohen Anteil daran hatte, daß es nach dem ersten Weltkrieg zum „Wunder an der Weichsel" kam. Vor Warschau zerbrach bekanntlich der Ansturm der „Roten Armee". Das Vordringen nach Westeuropa gelang ihr nicht. Bei anderer Gelegenheit führte ich aus, dem besiegten Deutschland sei es somit damals erspart geblieben, zum westlichen Einfallstor des Weltbolschewismus und damit auch zur Bedrohung Frankreichs zu werden. Die französischen Delegierten quittierten diese Worte mit starkem Beifall. Als dann auch Bundeskanzler Kohl nach Straßburg kam und in einer Pressekonferenz in seiner ebenso drögen wie arroganten Art sagte, die Leute um Schönhuber gehörten auf den Müllhaufen der Geschichte, waren die Franzosen empört.

Ich hatte beim Parlamentsauftritt von Kohl in Straßburg genügend Gelegenheit, Vergleiche zwischen dem sportlich und soldatisch wirkenden Präsidenten des Front National und dem fetten Kohl zu ziehen, der wie ein aufgeblasener Pfau durch das Parlament stolzierte.

Übrigens, zur Zeit des Kohl-Auftrittes im Parlament gab es den einzigen wirklichen Dissens zwischen Le Pen und mir. Bei der angesetzten Debatte um die Wiedervereinigung sollte wie üblich die erste Runde an die Fraktionsvorsitzenden gehen. Aber da es sich nach meiner Meinung vor allem um ein deutsches Problem handeln würde, beanspruchte ich die mit dieser Runde verbundene längere Redezeit. Le Pen sah das zunächst nicht ein, meinte, wir würden sowieso die gleichen Gedanken vertreten, gab dann zwar nach, war aber sichtbar vergrätzt. Dieser Zustand währte aber nur ein paar Tage.

Der stets um Ausgleich bemühte „andere" Jean-Marie, nämlich Jean-Marie Le Chevallier, arrangierte eine gemütliche Weinrunde im Hilton. Und alles war wieder im Lot. Le Pen ist nicht nachtragend. Und Le Chevallier ist der geborene Vermittler. Wie die meisten der französischen Abgeordneten ist er ein ausgesprochener Gourmet. Ich habe ihn des öfteren in Brüssel in einem der ausgezeichneten Fischlokale allein an einem Tisch sitzend getroffen, genußvoll seine Austern schlürfend und leichten Weißwein trinkend. Anschließend zündete er sich bedächtig eine Zigarre an. Ich bin überzeugt davon, daß sein Erfolg in Toulon auch damit zusammenhing, daß er nicht den Eindruck eines Revoluzzers macht, sondern so aussieht, wie sich die Franzosen einen gemütlichen Nachbarn vorstellen. Auch im Parlament sprach er betont sachlich und faktenorientiert. Ich gewann in Frankreich den Eindruck, daß konservative und rechte Politiker das bourgeoise Lebensgefühl des Durchschnittsfranzosen weit eher treffen als linke. Undenkbar, daß ein konservativer Politiker den Franzosen, wie einst der sozialistische Ministerpräsident Mendès-France den Rat gegeben hätte, sie sollten ein Volk von Milchtrinkern werden.

Was übrigens die Redebeiträge im Plenum angeht, so hatte man dabei mit Le Pen zuweilen seine liebe Not. Wegen des Verlustes eines Auges konnte er nur schlecht den Stand der Redezeit von der großen, an der Stirnseite des

Bauchweh, Herr Kohl?

Plenums, aber von ihm seitwärts angebrachten Uhr ablesen. Wer gerade neben ihm saß, mußte ihn dann einige Sekunden vor Ablauf der genehmigten Redezeit am Jackett zupfen, damit er sie nicht überziehe. Dies war nicht immer einfach. Auch im Plenum sprach Le Pen fast immer ohne Manuskript, dafür leidenschaftlich und mit dem für ihn typischen Pathos eines Volkstribuns. Da man im Straßburger Parlament sehr wohl wußte, daß zu den besten Rednern die Abgeordneten der Rechten gehörten, ging man mit ihnen im Gegensatz zu den sogenannten etablierten Politikern in der Einhaltung der Redezeit besonders streng um. Während Politikerinnen und Politiker, wie beispielsweise die vom Tagespräsidium meist wie eine Ikone behandelte Simone Veil und der stets gockelhaft durch das Parlament stolzierende und salbungsvoll seine Worte zelebrierende frühere französische Staatspräsident Giscard d'Estaing ihre Redezeit minutenlang überziehen konnten, wurde bei uns Rechten schon wenige Sekunden nach der vorgeschriebenen Zeit abgeklopft. Kam man der Aufforderung zur Einhaltung der Redezeit nicht umgehend nach, wurde kurz darauf das Mikrofon abgeschaltet.

Das ging natürlich bei Pressekonferenzen nicht. Da erwies sich Le Pen in der Regel als schwieriger Kunde. Er neigte zum Monologisieren, wollte auch bei solchen Anlässen Überzeugungsarbeit leisten. Ich war oft versucht, ihn auch bei Pressekonferenzen am Ärmel zu zupfen, um seinen Redefluß zu bremsen. Denn ich sah, wie die Journalisten bei längeren und grundsätzlichen Ausführungen ihre Kugelschreiber gelangweilt weglegten. Ihren Mienen war zu entnehmen, daß sie geistig abgeschaltet hatten. Als Berufskollege konnte ich sie bis zu einem gewissen Grad verstehen, ist es doch schwierig, aus einem längeren Redefluß die paar Sätze herauszufiltern, die ihnen von den Redaktionen später zugestanden werden. Hinzu kam, daß auch bei kürzerem Schlagabtausch innerhalb eines Frage-und-Antwortspieles Le Pen häufig die Inkompetenz und Unwissenheit der Presseleute mit sarkastischen Sätzen bloßstellte. Diese rächten sich dann dadurch, daß sie die Berichte mit einer negativen Grundtendenz und höhnischen Anmerkungen versahen. Im übrigen waren und sind sie sowieso Gefangene eines einfachen Weltbildes: Links die Guten, rechts die Bösen. Aber das kennt man ja!

Redebeitrag des Autors zur Wiedervereinigung vor dem Europäischen Parlament im Herbst 1989

*„Herr Präsident, meine Damen und Herren,
verehrter Herr Bundeskanzler!*

Ich habe diese Debatte sehr aufmerksam verfolgt und muß gestehen, daß ich selten so viele Leerformeln gehört habe wie hier. Alle sprechen vom Wind der Geschichte und landen beim Geschäft. Ich weiß sehr genau, und das ist meine Skepsis, die ich hier ausdrücken möchte, daß es auch unter den Abgeordneten hier nicht wenige gibt, die genauso denken wie der bekannte französische Schriftsteller Mauriac, der einmal gesagt hat: ‚Ich liebe Deutschland so sehr, daß ich glücklich bin, daß es gleich zwei davon gibt.' Wir Republikaner sind der Meinung, daß es nur ein Deutschland geben kann und darf. Obwohl wir uns durchaus zur historischen Schuld des verbrecherischen NS-Regimes bekennen, sagen wir sehr deutlich: Die BRD und die DDR sind nichts anderes als schreckliche Betriebsunfälle der deutschen Geschichte! Wir müssen an die Reparatur dieses Betriebsunfalles gehen. Das heißt konkret, wir streben ein Gesamtdeutschland an, und die Hauptstadt dieses Gesamtdeutschlands wird wieder Berlin sein und nicht Bonn!

Wir sollten in diesem Haus nicht das beschämende Beispiel bieten, das ich derzeit in der Bundesrepublik erlebe, wo die tragische und gleichzeitig freudvolle Situation zu kleinlichem Wahlkampfkalkül, zum Schielen nach bestimmten Umfragen – wer ist vorne, wer ist hinten – mißbraucht wird. Für mich ist nicht interessant, ob Herr Kohl vorne ist oder Herr Vogel. Für mich ist nur interessant, ob das deutsche Volk vorne ist, denn das deutsche Volk spricht und nicht seine merkwürdigen Repräsentanten in den Parteien…

(Unruhe, Beifall von der Technischen Fraktion der Europäischen Rechten)

Sie werden mich ausreden lassen. Ich vertrete hier zwei Millionen Wähler, und niederschreien geht hier nicht! Ich werde zu Ende sprechen. Ich bin es gewohnt, in Deutschland unterbrochen zu werden, doch ich habe mich noch immer durchgesetzt. Ich werde mich auch hier durchsetzen! Davon können Sie ausgehen!

Wir Republikaner sagen: Wir wollen keinen nationalen Alleingang um jeden Preis. Wir kennen die Abhängigkeiten. Wir wissen auch um Empfindlichkeiten, die zweifellos ihre historische Wurzel haben, aber wir wollen es nicht allein der Geschwindigkeit des EG-Zuges überlassen, wann unsere Wiedervereinigung kommt – wobei wir nicht einmal genau wissen, ob dieser EG-Zug exakt in die Wiedervereinigung führt, die wir anstreben.

Eines können Sie sicher sein. Bei all dem taktischen Kalkül, das auch hier spürbar ist, bei all den Politikeraussagen, die hier zu hören sind, wird der Ruf des Volkes stärker sein – und zwar nicht nur stärker als die Stimme jener Leute, die Sie heute im französischen oder deutschen Fernsehen sehen, jener Intellektuellen, die noch vor zwei Jahren gehorsame Troubadoure der Kommunisten waren. Die Wiedervereinigung wird erzwungen werden – und da lesen Sie bitte die Züricher Zeitung nach – von den Arbeitern und Bauern, die die Wendehälse in der DDR satt haben, seien sie auch die Favoriten der Sozialisten. Eines muß klar sein, und da nützt auch die ganze Gorbimanie nichts: Der Kommunismus ist tot! Der Kommunismus ist weder demokratisierbar noch reformierbar!

Deshalb meinen wir, daß es auch bei allen Hilfen, die wir gerne geben würden, nicht zu einer Stabilisierung des kommunistischen Regimes kommen darf. Ich warne noch einmal vor den lobenden Worten für Herrn Gorbatschow. Auch Herr Gorbatschow hat eine Vergangenheit…

(Unruhe)

Und sie ist nicht so edel, wie man hier vorgibt. Auch Herr Gorbatschow war einmal ein KGB-Mann. Nehmen Sie das bitte zur Kenntnis.

(Unruhe, Zurufe)

Der Schönhuber geht nicht raus, der bleibt hier! Wir sind der Auffassung, daß in diesem Parlament Fraktur gesprochen werden muß. Da muß Ehrlichkeit einziehen und nicht ein permanentes Winseln vor der öffentlichen oder der veröffentlichten Meinung des Volkes, da können Sie sicher sein.

… Wir sind kooperativ. Wir sind der Meinung, wir müssen allen helfen, aber wir bitten auch Sie: Legen Sie jedes Mißtrauen gegenüber dem deutschen Volk ab. Wir sind geläuterte Patrioten. Wir wissen, was wir erlebt haben, und es sind vielleicht die anständigsten Patrioten, die ihre Geschichte nicht verleugnen. Wir Republikaner denken, daß man eines Tages im Osten wie im Westen die gleiche Hymne singen wird: Einigkeit und Recht und Freiheit für das deutsche Vaterland!"

10. KAPITEL

Riskante Schlagfertigkeit – von den Fallstricken der freien Rede

Le Pen war bei seinen Freunden berühmt und bei seinen Gegnern berüchtigt für seine Wortspiele, die er meist aus der französischen Geschichte ableitete. In der Pariser Nationalversammlung warf er dem sich stets wie ein Lordsiegelbewahrer des Gaullismus aufführenden Präsidenten dieses Gremiums, Chaban-Delmas, folgende Sätze an den Kopf: „Wenn ich das recht verstehe, Herr Präsident, dann ist diese fünfte Republik das erste Kaiserreich ohne dessen Siege und das zweite Kaiserreich ohne dessen Eleganz." Für einen Mann wie Chaban-Delmas muß diese Bemerkung besonders bitter gewesen sein. Als ich nämlich Ende der siebziger Jahre für das Bayerische Fernsehen ein Interview mit dem Präsidenten und damaligen Bürgermeister von Bordeaux in seiner „Cabane", seinem Landsitz in den Pyrenäen machte, sprach er unentwegt von der „gloire de la République", dem Ruhm der fünften Republik.

Als einmal die Rede auf den großen jüdischen Einfluß bei den Massenmedien kam, entgegnete Le Pen sarkastisch: „Ja, es gibt viele

Juden in der Presse... Aber es gibt auch viele Bretonen in der Marine und viele Korsen im Zoll." Allerdings läßt Le Pen keinen Zweifel daran, daß seiner Meinung nach in der französischen Politik Juden zuviel Unterstützung fänden. Er sprach von einem „complot juive", einer jüdischen Verschwörung. Ein nahezu einhelliges Aufheulen in den Medien war die Folge.

Erbarmungslos schlug er im Mai 1997 während des Wahlkampfes nach der vorzeitigen Auflösung der Nationalversammlung zu. In einem Interview mit dem zweiten französischen Fernsehen sagte er: „Wenn es eine Generaluntersuchung über die Vergabe öffentlicher Aufträge gäbe, dann würden 90% der Politiker ins Gefängnis wandern. Eine gewisse Anzahl unter ihnen verdiente, gehängt zu werden, wie dies unter der Monarchie geschehen wäre."

Bei langen Reden, wo gerade während der Wahlkampfzeiten naturgemäß auch Ermüdungserscheinungen auftreten, rutschten ihm auch zuweilen Wörter heraus, die, aus dem Zusammenhang gerissen, für seine Gegner ein gefundenes Fressen waren. Ich weiß aus eigener Erfahrung, wovon ich rede. Hölzern artikulierenden, stur am Manuskript klebenden, ängstlich dem Zeitgeist folgenden politischen Dünnbrettbohrern kann das kaum passieren. Aber Vollblutpolitiker müssen mit dem Risiko der spontanen Einfälle leben. Sie wissen, daß sie die Lieblingsobjekte der medialen Heckenschützen und Wegelagerer sind. Typisch für den Redestil Le Pens ist, daß er selten an einem Pult steht, sondern mit dem Mikrofon in der Hand auf einem Podium auf- und abgeht. Mir fiel das zum ersten Mal im Fernsehen auf, als er bei einer Massenveranstaltung vor rund 30 000 Zuschauern im Radstadion von Marseille sich so verhielt. Später habe ich diesen Redestil auch persönlich bei verschiedenen Veranstaltungen erlebt. Manchmal wirkte er dabei wie ein Conférencier der Politik, dem es darum geht, nicht nur Argumente zu bringen, sondern auch, um die Stimmung aufzuheizen. Dabei läßt er sich vom Beifall selbst animieren und spontanen Einfällen freien Lauf. Der Kommunikationseffekt mit dem Publikum bestimmt das Geschehen. Natürlich ist das Populismus. Aber der gehört nun einmal zur Politik. Dies wollen nur jene Politiker nicht wahrnehmen, denen der große Atem fehlt und die bar jedes Charismas sind.

Besonders groß war in der Weltpresse der Sturm der Entrüstung, als bezüglich der nationalsozialistischen Judenverfolgungen Le Pen von einem „détail d'histoire", einem Detail der Geschichte sprach. Unentwegt wurde ich daraufhin in Deutschland und Frankreich aufgefordert, mich von Le Pen zu distanzieren. Obwohl auch nicht glücklich über die Wortwahl, tat ich es nicht. Ich wies darauf hin, daß Le Pen mit diesem Satz keinesfalls die an den Juden begangenen Verbrechen leugnen wollte, er sie wie ich verurteile. Nichts anderes habe er zum Ausdruck bringen wollen, als daß diese schreckliche Zeit eben ein historischer

In typischer Rednerpose

Stets belauert von Kameras

Abschnitt gewesen sei, Teil der Geschichte also. Le Pen mit nationalsozialistischem Gedankengut in Verbindung bringen zu wollen, sei schon deshalb absurd, weil er als Jugendlicher für die Résistance tätig gewesen sei.

Wütenden Protest in Teilen der Weltpresse gab es auch, als Le Pen von der „l'inégalité des races" sprach, von der Ungleichheit der Rassen. Dabei ging es nur um deren unterschiedliche physischen und psychischen Veranlagungen, wie sie sich zum Beispiel auch im Sport zeigten. Nur bösartige Kritiker konnten heraushören, Le Pen habe von höher- oder niederwertigeren Rassen gesprochen und dem Rassismus das Wort geredet. Nicht nur Deutschland hat Anspruch auf die Bezeichnung Absurdistan; sie läßt sich auf ganz Europa ausweiten.

Aber es ist unbestreitbar, daß Le Pen keine Gelegenheit ausließ, dem politischen Establishment auf die Füße zu treten und die Franzosen an verdrängte, bittere Wahrheiten zu erinnern. Als einmal ein kommunistischer Politiker aufstand und eine Diskussionsrunde wegen der Anwesenheit Le Pens verließ, kommentierte dies der Chef des Front National mit den Worten: „Die Kommunisten laufen davon, wie 1939." Er spielte dabei geistesgegenwärtig auf den Hitler-Stalin-Pakt und das daraus resultierende Verhalten kommunistischer Spitzenfunktionäre bei Kriegsbeginn an. Ihr damaliger Parteichef Maurice Thorez desertierte damals via Schweiz nach Moskau. Das schlechte Gewissen der Kommunisten hinsichtlich des Hitler-Stalin-Paktes mag mit dazu beigetragen haben, daß sie sich als „Beweis" für

Der langjährige Kommunistenchef Georges Marchand

die nunmehrige patriotische Gesinnung bei den Säuberungen nach der Libération durch besondere Grausamkeiten gegenüber echten oder vermeintlichen Kollaborateuren hervortaten. Am Rande sei hierzu erwähnt, daß der französische Vaterlandsverräter und Kommunistenführer Maurice Thorez 1945/46 Staatsminister und 1947 Vize-Ministerpräsident werden konnte.

Natürlich lassen sich die Anhänger des Front National und besonders jene, die entweder selbst oder ihre Familienmitglieder und Verwandte während der Libération mißhandelt worden waren, die Gelegenheit nicht entgehen, nicht nur auf Thorez zu verweisen, sondern auch auf einen seiner späteren Nachfolger, Georges Marchand. Dieser hatte sich während des Krieges zur Arbeit in deutsche Rüstungsbetriebe verpflichten lassen. Er half also im Messerschmitt-Werk in Augsburg mit, jene Waffen zu schmieden, durch die in der Résistance kämpfende französische Patrioten getötet wurden. Darunter waren nach Ausbruch des deutsch-russischen Krieges auch nicht wenige Kommunisten.

Bei der Härte dieser Auseinandersetzungen wundert es einen nicht, daß Le Pens Gegner immer wieder nach Schwachstellen im Leben des Parteichefs suchten. Nach den Foltervorwürfen glaubte man den Chef des FN mit dem Verdacht auf Erschleichung eines Erbes treffen zu können. Man glaubte, herausgefunden zu haben, daß das ihm von einem Freund vermachte Erbe wegen dessen Unzurechnungsfähigkeit nicht rechtmäßig erworben worden sei. Jedoch auch diese Vorwürfe erwiesen sich als haltlos, sie zerplatzten wie Seifenblasen. In zunehmendem Maße setzte nun die ihn bekämpfende Medien-Mafia auf den Erfahrungssatz: Macht nichts, wenn es nicht stimmt, aber es wird schon etwas hängen bleiben. Doch auch diese Rechnung dürfte nicht aufgehen. Die Franzosen haben inzwischen gelernt, den verdorbenen Braten zu riechen. Andererseits darf man nicht glauben, daß die beinahe täglichen Angriffe spurlos an dem Parteivorsitzenden vorbeigegangen wären. Ich kann sehr wohl verstehen, daß er verbittert reagierte, als bei einem schamlosen Anti-Le Pen-Tribunal im Fernsehen, in dem auch sein Privatleben verzerrt ans Licht der Öffentlichkeit gebracht wurde, er selbst aber nicht zu Wort kommen durfte. Als sein Antrag auf Teilnahme auch bei Gericht scheiterte, zog er einen Vergleich mit den stalinistischen Schauprozessen in den dreißiger Jahren. Da aber hätten die Angeklagten zumindest anwesend sein und das Wort ergreifen können.

11. Kapitel

Der Clan

Ein Politiker, der nicht einigermaßen in Harmonie mit seiner Familie lebt oder gar von seinen Kindern mißachtet wird, ist von vornherein zur Erfolglosigkeit verdammt. Für Le Pen hat seine Familie einen hohen Stellenwert. Gewiß spielt dabei auch seine bretonische Herkunft, auf die er sich immer wieder bezieht, eine große Rolle. In der Bretagne hält man noch etwas auf Traditionen und familiäre Bindungen. Le Pen selbst erzählt gerne von seinen Vorfahren: „Von bretonischem Boden stammten meine Mutter, die als kleines Bauernmädchen mit zwölf Jahren die Kühe hütete und alle meine Vorfahren, die schon längst vor der Revolution Handwerker waren. Zu Meer fuhren mein Großvater, der nur in den Sternen zu lesen verstand und mein Vater, der bereits mit 13 Jahren Kap Horn umschiffte; Handwerker des Meeres..." Um seine Heimatverbundenheit zu betonen, nennt Le Pen sich selbst gerne „Deputierter des Meeres".

Im Jahre 1960 heiratete Le Pen die kaum zwanzigjährige, bildschöne Pariserin Pierette, deren Mutter einen Schönheitssalon führte. Die Ehe hielt 25 Jahre, galt in der Öffentlichkeit als musterhaft. Aus der Ehe gingen drei Töchter hervor, alle attraktiv, gebildet und politisch engagiert: Die 1960 geborene Marie-

Le Pen im Kreise seiner Töchter

Caroline ist Unternehmenschefin und Mitglied des Zentralkomitees der Partei. Sie hat eine Tochter. Die 1963 geborene Yann ist mit dem FN-Spitzenpolitiker und langjährigen Chef der Jugendorganisation (FNJ) Samuel Maréchal verheiratet. Sie haben drei Töchter. Le Pen ist also mit vier Enkeln glücklicher Großvater. Die jüngste Tochter, die 1968 zur Welt gekommene Marine ist Anwältin und hat den FN schon mehrfach verteidigt. Marine hat am 14. Juni 1997 geheiratet.

Jahrelang stand Pierette bei Wahlkämpfen und Demonstrationen ihren „Mann" und setzte sich für die politischen Belange ihres Mannes ein. Die Kinder hingen an ihr und vergötterten ihren Vater. Und trotz allem kam es zur größten menschlichen Enttäuschung von Le Pen. Ein angeblicher Freund mißbrauchte unter dem Vorwand, ein Buch über Le Pen zu schreiben das ihm entgegengebrachte Vertrauen, verführte Pierette und überredete sie zu skandalösen Erklärungen und obszönen, allerdings gut bezahlten Auftritten in den Medien. Die Töchter hielten auch nach der Scheidung zum Vater.

Le Pen hatte für seine politischen Arbeit einen hohen Preis bezahlt. Tochter Yann, die unter der Trennung besonders litt, brachte es auf den Punkt: „Für die Politik verliert Papa viel Geld. Er hat ein Auge verloren, seine Gesundheit und jetzt hat er seine Frau verloren. Ja, deshalb hat er Mama verloren."

Während des Festbankettes, das Le Pen am 5. November 1992 in Le Bourget zu Ehren des zwanzigjährigen Bestehens seiner Partei gab, wurde ein zeitgleich vom Fernsehen ausgestrahlter Bericht über den Front National auf einer Großleinwand im Saal übertragen. Meine Frau saß damals in ihrer Eigenschaft als Fraktionsvorsitzende des Münchner Stadtrates als Ehrengast und Überbringerin der Grüße der Republikaner an seiner Seite. Sie berichtete mir von dem lähmenden Entsetzen, das beim Betrachten dieser TV-Szenen die Festgäste befiel,

Tochter Yann mit Kindern und Ehemann, Samuel Maréchal, Chef der Jugendorganisation

Le Pen mit seiner Frau Jeane-Marie, genannt Jany

verbunden mit Wut, daß die Massenmedien zu solchen Mitteln der Entwürdigung eines Menschen gegriffen hatten. Sie zeigten die Mutter der drei Töchter in widerwärtigen Szenen. Übrigens: Zur Chronologie des Verhältnisses zwischen dem Front National und den Republikanern soll hier eingeschoben werden, daß, obwohl ich die Fraktion der europäischen Rechten aus innerparteilichen Gründen verlassen hatte, die politische und menschliche Bindung zu der französischen Partei nie abgerissen war. Hier die Grußbotschaft, die auch jetzt für die heutigen Republikaner wieder Geltung haben sollte:

„Sehr geehrter Herr Präsident, verehrte Freunde des Front National: ‚Im Namen meines Mannes, Franz Schönhuber, der derzeit als Mitglied einer Parlamentsdelegation in Wien weilt, und auch im Namen unserer Partei der Republikaner, möchte ich Ihnen die besten Erfolgswünsche für den Front National übermitteln. Gewiß sind wir unterschiedliche Parteien, aber wir sind uns einig in den Grundsätzen und Prinzipien. Ich kann Ihnen versichern, Herr Präsident und verehrte Kollegen des Front National, daß wir gemeinsam gegen das Gefängnis von Maastricht kämpfen werden, gemeinsam für ein Europa der Vaterländer, für ein Europa, das seiner großen Tradition würdig ist; wir kämpfen gemeinsam fur die Ehre unserer beiden Völker. Herr Präsident, ich wünsche Ihnen Gesundheit und ein langes Leben. Frankreich und Europa brauchen Sie. Es lebe die deutsch-französische Freundschaft, es lebe der Front National!'"

Nach der Scheidung von Pierette heiratete Le Pen im Mai 1991 die rassige und erfolgreiche Geschäftsfrau Jeanne-Marie Pachos. Sie ist griechischer Abstammung, lebte in Nizza. Nicht ohne Stolz erzählte sie mir, daß sie mütterlicherseits mit Irmgard Keun verwandt sei, jener erfolgreichen Schriftstellerin, die Mitte der dreißiger Jahre Deutschland aus politischen Gründen verlassen hatte. Jany, wie sie von Freunden genannt wird, engagiert sich beim FN besonders in der Irak-Hilfe. Mit ihrer Organisation will sie dazu beitragen, das Elend in dem arabischen Land zu mindern. Das inhumane, über den Irak verhängte Embargo bedroht ja vor allem Kinder und Kranke. Ihnen soll durch überbrachte Arznei- und Nahrungsmittel geholfen werden, auch durch moralischen Zuspruch. In diesem Zusammenhang sei daran erinnert, daß Le Pen während des Irak-Krieges mit Freunden aus patriotischen Parteien anderer Länder nach Bagdad geflogen, sich dort mit Saddam Hussein getroffen hatte und 80 in der irakischen Hauptstadt als Geisseln festgehaltene Europäer aus verschiedenen Nationen mit nach Hause nehmen konnte. Aber auch bei dieser Gelegenheit zeigte sich die ganze Kleingeistigkeit seiner Gegner in Frankreich. Man ließ sein Flugzeug nicht, wie vorgesehen, in Straßburg landen, sondern leitete es kurzfristig nach Mulhouse (Mühlhausen) um. Auf diese schäbige Weise wollte man verhindern, daß der Rettungsaktion des FN-Chefs durch die in großer Zahl in Straßburg wartenden Journalisten die daraus resultierende internationale Aufmerksamkeit zuteil würde. Auch hier war die Medien-Masche einfach gestrickt. Willy Brandts Flug nach Bagdad war eine humane Tat, der von Le Pen ein Propaganda-Trick, so die Kommentare...

Vor Beginn des Golfkrieges Empfang bei Saddam Hussein.
Le Pen erreicht die Freigabe von über 70 Geiseln.

Trotz des permanenten politischen Einsatzes blieben die engen Beziehungen des Clans erhalten. In der heutigen, zur familiären Bindungslosigkeit neigenden Zeit dürfte es Seltenheitswert haben, daß alle Le Pens unter einem Dach in seiner schönen Villa in St. Cloud leben: Großvater, Töchter, Ehemänner, Enkelinnen... Hier ist der Generationenvertrag noch voll gültig. Der „Alte" wird von allen geliebt und respektiert.

Le Pen selbst brachte seine Beziehungen zur Politik und Familie auf folgenden Nenner: „Ich liebe meine Töchter mehr als meine Cousinen, meine Cousinen mehr als meine Nachbarinnen, meine Nachbarinnen mehr als die Unbekannten und die Unbekannten mehr als die Feinde. Als Konsequenz daraus liebe ich am meisten die Franzosen. Das ist meine Wahl. Dann liebe ich am meisten die Europäer und dabei mehr die Westeuropäer, und darüber hinaus liebe ich in den anderen Ländern der Erde jene am meisten, die unsere Alliierten sind und die Franzosen lieben."

Ich weiß, daß diese eingängige und allgemein verständliche Darstellung eines Sachverhaltes nicht jedermanns Geschmack trifft. Sogenannte Intellektuelle, vor allem die selbsternannten, mögen darüber die Nase rümpfen. Aber der Erfolg gibt Le Pen recht. Der Erhalt von Familie und Tradition hat bei dem Front National einen hohen Stellenwert. Er gehört zu den „Valeurs", den Werten, die für die Front-Leute schon deshalb besonders verteidigungswert sind, weil sie in unserer liberalistisch und hedonistisch geprägten Gesellschaft am meisten bedroht sind. Als Beweis für diese These braucht man lediglich auf die täglichen Fernseh-Sendungen zu verweisen.

12. KAPITEL

Der engere politische Kreis um Le Pen

Die meisten Frauen und Männer, die zur Führungsmannschaft von Le Pen gehören, habe ich persönlich kennengelernt, sei es auf Kongressen, während der gemeinsamen Zeit im Europäischen Parlament, in Ausschüssen oder bei Fraktionstagungen. Fast alle FN-Parlamentarier erwiesen sich als ebenso beschlagene wie schlagfertige Politiker. Von den deutschen Kollegen fand vor allem Harald Neubauer durch scharfe und treffende Formulierungen größere Aufmerksamkeit.

Zu den Persönlichkeiten der ersten Stunde gehörte Martine Lehideux. Die stets elegant gekleidete, beruflich im Gesundheitsdienst tätig gewesene Pariserin bewies bei ihren Reden außergewöhnliche Standhaftigkeit. Auch lautstarke Zwischenrufe konnten sie nicht aus dem Konzept bringen. Im privaten Umgang war Martine Lehideux von wohltuender Ausgeglichenheit und Hilfsbereitschaft. Ihre besondere Aufmerksamkeit galt und gilt der Familienpolitik und den Immigrationsproblemen. Sie ist

Die beiden Brunos, links Mégret, rechts Gollnisch

Martine Lehideux

Marie-France Stirbois

Regionalrätin von „L'Ile-de-France", Gründerin und Präsidentin des Kreises nationaler Frauen in Europa. Ihr vor allem schlug der Haß der Grünen und der Feministinnen in den verschiedenen Gruppierungen entgegen. Für die nicht immer einfache Situation von uns deutschen Delegierten zeigte sie Verständnis, auch in unserer Geschichte war sie durchaus bewandert. Dazu mag beigetragen haben, daß ihr Mann, der bereits erwähnte André Dufraisse, Soldat in der französischen Waffen-SS Division Charlemagne war. Im Zusammenhang mit der Tätigkeit von Martine Lehideux sollte nicht unerwähnt bleiben, daß zu Beginn der Front National eine ausgesprochene Männerpartei war, im Laufe der Zeit das weibliche Element jedoch immer stärker wurde. Dazu haben vor allem die großen Erfolge von Marie-France Stirbois bei verschiedenen Wahlen in Dreux beigetragen. Gerade in bürgerlichen Kreisen kommt die verwitwete Mutter von zwei Kindern gut an. Verständlich, daß sich im Laufe der Zeit zwischen den beiden „Front-Damen" eine gewisse innerparteiliche Rivalität entwickelt hat, die aber durch die strenge Parteidisziplin ihre Grenzen fand. Eine weitere Verstärkung erfuhr das weibliche Element nunmehr durch Catherine Mégret nach ihrem Sieg bei den Kommunalwahlen in der südfranzösischen Stadt Vitrolles. Eine weibliche Bürgermeisterin kann den FN nur schmücken, wobei es in diesem Falle auch den Massenmedien schwer fallen dürfte, ihr rassistische Vorurteile zu unterstellen. Die intelligente, jugendlich und attraktiv aussehende Catherine entstammt einer eingewanderten russisch-jüdischen Familie. Natürlich konnte trotzdem der Hinweis nicht ausbleiben, die Bürgermeisterin instrumentalisiere ihre Herkunft zum Zwecke der Verharmlosung der Partei.

Mit dem Sieg hat Catherine ihrem Mann, Bruno Mégret, auch ein paar Pluspunkte bei dem Rennen um die Nachfolge von Le Pen eingefahren, die allerdings noch in weiter Ferne zu liegen scheint und über die in Parteikreisen nur hinter vorgehaltener Hand gesprochen wird.

Für die Führungskreise des FN ist es nicht untypisch, daß gerade Ehepaare gemeinsam in der politischen Arena stehen. Die Ehefrau des für den administrativen Bereich der Fraktion des FN im Europaparlament zuständigen Jean-Marc Brissaud, die stets um Harmonie bemühte, still aber effizient arbeitende Sophie Brissaud ist heute im Sekretariat von Le Pen zuständig für Pressefragen. Während meiner Parlamentszeit war sie im Sekretariat der Fraktion tätig gewesen. Mir fiel dabei ihr Taktgefühl im Umgang mit schwierigen Partnern auf und wie sie stets versucht war, ihre Pflichten als Mutter von drei Kindern mit den politischen Aufgaben in Einklang zu bringen.

Jean-Marie Le Chevallier, der in Toulon, der viertgrößten Stadt Frankreichs, auf dem Bürgermeistersessel sitzt, findet in seiner kommunalpolitisch sehr aktiven Ehefrau Cendrine eine starke Stütze. Sie ist Präsidentin der Organisation „Jugend von Toulon" und setzt sich vor allem für die sozial Schwachen unter den Jugendlichen ein. Deshalb und wegen ihrer straff zurückgekämmten blonden Haare, ihrem Hang zu öffentlichen Auftritten, wird sie in der Stadt gerade von den Bessergestellten ironisch als Evita Perón von Toulon bezeichnet. Diesen Vergleich hört die Bürgermeistersgattin durchaus nicht ungern und empfindet ihn keineswegs als abwertend. Sie macht aus ihrem Respekt für die verstorbene Frau des einstigen argentinischen Staatspräsidenten Perón keinen Hehl und vergißt dabei auch nicht, auf deren Engagement für die „Descaminados", die „Hemdlosen", hinzuweisen. Daß in Toulon überhaupt soviel Not und Elend existiert, lastet Cendrine dem Schlendrian der Vorgänger ihres Mannes an. Sie hätten einen Augias-Stall hinterlassen, den es auszumisten gelte, was eben nicht ohne Härten abgehe. Und dabei ihrem Mann zu helfen, wäre doch nur natürlich.

Das Ehepaar Catherine und Bruno Mégret

Die Pressebeauftragte Sophie Brissaud

Generell ist der Einfluß der Frauen auf ihre politisch tätigen Männer in Spitzenpositionen nicht zu übersehen. Das gilt auch für die Ehefrau des FN-Bürgermeisters von Oranges, Jacques Bompart. Die Reaktion der Linken auf diese Situation ist ebenso mißgünstig, wie verlogen. Hatten sie nicht jahrelang den Rechten in allen Ländern den Vorwurf gemacht, ihr Frauenideal sei das Heimchen am Herd oder die Gebärmaschine? Diese Vorstellungswelt ist jetzt zusammengebrochen. Dafür glaubt nunmehr die Kirche in Frankreich, ihr Opfer auf dem Altar des Zeitgeistes bringen zu müssen. So wurde den beiden Töchtern des Ehepaars Le Chevallier in Toulon die Aufnahme in ein katholisches Institut mit Hinweisen auf verletzte Menschenrechte des FN verweigert. Als ich das las, mußte ich an die Sippenhaft während der NS-Zeit denken.

Bei der Erwähnung des weiblichen Einflusses auf die Parteiführung darf die Rolle nicht unterschätzt werden, die die Töchter Le Pens spielen, die das Ohr ihres Vaters haben. Und dies gewiß auch nutzen.

Auch wenn Frauen und Mädchen in der Partei zunehmend mehr Einfluß gewonnen haben, spielen doch noch die Herren der Schöpfung die erste Geige, sei es in den Parlamenten oder bei den Funktionären. Zwei Persönlichkeiten sind derzeit tonangebend, die zwei Brunos: Bruno Mégret und Bruno Gollnisch. Beide sind hochgebildet: Der 48-jährige Mégret stammt aus dem Großbürgertum. Er hat gleich zwei Eliteschulen besucht, die Polytechnique und die Kaderschmiede der amerikanischen Intellektuellen, die Universität von Berkeley, wo er den Master of Science (Magister der Wissenschaft) erwarb. Er ist Ingenieur für Brücken- und Straßenbau. Politisch engagierte er sich zunächst bei den Gaullisten, machte dort rasch Karriere. Zeitweilig saß er sogar im Zentralkomitee. Während der Regierungszeit von Raymond Barre gehörte er dem Kabinett des Ministers für Entwicklungshilfe, Robert Galley an. Auch in der Zeit seiner politischen Tätigkeit bei den

Turia-Nathalie Moua
FN-Listenführerin von „Polynesien zuerst"
„Französisches Polynesien"

Gaullisten bewegte er sich auf dem rechten Flügel der Partei und unterhielt Kontakte mit patriotischen und überparteilichen Kreisen. Nach der Teilnahme an einem Diskussionszirkel mit Le Pen und einer anschließenden längeren persönlichen Aussprache mit dem Chef des FN wechselte er zum Front National. Seine programmatischen und administrativen Fähigkeiten erleichterten seinen raschen Aufstieg zur Parteispitze. Nicht alle der „Vieux", der alten Haudegen der Gründungsjahre, waren über diesen Aufstieg glücklich. Der kleine, etwas introvertiert wirkende Mann, der sich gerne hinter ein ironisches Lächeln zurückzieht, wenn seinen Kontrahenten das intellektuelle Maß fehlt, hat ihnen zu wenig „Stallgeruch". Aber wer aus dem zurückhaltenden Auftreten von Mégret den Schluß zöge, er gehöre zu den „Softies", zu den eher kompromißbereiten Mitstreitern Le Pens, der würde sich gewaltig täuschen. In programmatischen Fragen ist Mégret beinhart, das beweisen die von ihm formulierten 300 Punkte, auf die ich noch zurückkommen werde. Er scheut sich auch nicht, auf der Straße und vor den Fabriktoren zu agitieren. Und auch vor härtesten Aussagen schreckt er nicht zurück. Unmittelbar nach dem Sieg von Vitrolles brachte er die Medien zum Aufheulen, als er eine Zusatzsteuer für jene Firmen forderte, die Ausländer beschäftigen. Nur wenn eine Million von Ausländern gingen, gäbe es wieder genügend Arbeitsplätze für die Franzosen. Mégret ist ein eindeutiger Vertreter der Grundhaltung des FN: „Frankreich zuerst!"

Bruno Mégret ist „Generaldelegierter" und zuständig für die programmatische Ausrichtung der Partei. Er nimmt damit in der Hierarchie den zweiten Platz hinter Le Pen ein. Zu meiner Zeit im Parlament hat er selten im Plenum gesprochen, aber brillante Analysen geliefert. Parteiinterne Kritiker sehen in ihm eine Art Machiavelli, der hinter den Kulissen vorsichtig die Drähte zieht.

Ein ganz anderer Typ als Mégret ist der 1950 geborene Bruno Gollnisch. Auch er ist ein hochgradiger Intellektueller. Schon mit 32 Jahren war er an der Universität Lyon jüngster Doyen der Facultés des Lettres. Er ist mit einer Japanerin verheiratet und auch Professor für Japanalogie. Der stämmige Mann mit der starken Hornbrille spricht mehrere asiatische Sprachen, neben japanisch auch malayisch und indonesisch. Sein Deutsch ist so gut, daß er sich mühelos mit den deutschen Kollegen im

Jean-Marie Le Chevallier

Quand tous les regards se tournent vers Toulon

Jean-Marie Le Chevallier, accompagné de Bruno Mégret, en campagne à Toulon. Le terrain, ça paye !

Der Triumph von Toulon. Jean-Marie Le Chevallier ist Bürgermeister

Bruno Gollnisch in Aktion.
In Tonfall und Gestik kommt er Le Pen am nächsten.

Parlament unterhalten und in Deutschland sogar Wahlreden für die Republikaner halten konnte.

Schon vor seinem Parteieintritt im Jahre 1984 hatte er in den siebziger Jahren in rechten Gruppierungen gekämpft und sich besonders für ein französisches Algerien eingesetzt. Von der Statur und seiner Rhetorik kommt er Le Pen nahe. Er ißt gern, singt gern und geht keiner Auseinandersetzung mit dem parteipolitischen Gegner aus dem Wege. Als Hauptwaffe bevorzugt er dabei trotz seines intellektuellen Formats den schweren Säbel. Wenn er loslegte, wurde ich immer an den französischen Schlachtruf erinnert: „On attaque" – Angriff! Gollnisch brauchte man nie zu fordern, eher galt es, ihn zuweilen zu bremsen. Im Parlament war er vor allem wegen seiner präzisen Auslegungen bei strittigen Satzungsfragen gefürchtet. Nicht selten durchkreuzte er dabei auch feingesponnene Manöver, mit denen die Etablierten die kleineren Parteien über den Tisch zu ziehen versuchten. Ich konnte oft amüsiert bemerken, daß bei einer Wortmeldung von Gollnisch zu Satzungsthemen die Mitglieder des Tagungspräsidiums unruhig auf ihren Sitzen hin und her zu rutschen begannen, die Köpfe zusammensteckten und eifrig untereinander tuschelten.

Bei Wahlkampf-Reden trifft Gollnisch die „Volksseele". Deshalb ist seine Anhängerschaft im Front National zahlenmäßig stark. Bei unvermeidbaren parteiinternen Positionskämpfen spielt diese Einschätzung eine nicht ungewichtige Rolle. Er hat großen Einfluß insbesondere auf das katholisch geprägte Bürgertum, während der als radikaler geltende Mégret sich bei allem Bekenntnis zum Katholizismus eher dem lateinisch-griechischen Erbe verpflichtet fühlt.

Im Gespräch mit seinem Freund der ersten Stunde, „Freddy" Moreau, heute Regionalrat im Département Nord Pas-de-Calais

An Lyon und Gollnisch habe ich eine ganz persönliche Erinnerung. Mein Fraktionskollege hatte mich 1990 zu einem Blitzbesuch der Messe von Lyon eingeladen. Der sich später als Krimineller entpuppende damalige Bürgermeister von Lyon, Michel Noir von den Liberalen, erteilte mir wie im Mittelalter öffentlich Stadtverbot. Bruno rief an und sagte nur: „Franz, komm trotzdem, wir passen auf Dich schon auf." Also flog ich nach Lyon. Schon am Flughafen erwartete uns eine Menge Polizisten. Sie folgten dicht hinter unseren Wagen zur Messe. Dort große Aufregung an den Ständen. Besonders ängstlich die deutschen Firmenvertreter: Bloß keine Kontaktaufnahme mit dem Geächteten. Wir fuhren, erneut von den Polizeiwagen „eskortiert", zum Amtssitz des Michel Noir, dem Rathaus. Dort war Phototermin. Das Rathaus glich einer Festung. Ein gutes Dutzend martialisch blickender Polizisten bewachten das Eingangstor, um eine befürchtete Invasion zu verhindern. Wir stellten uns ein paar Meter von den Polizisten entfernt auf und lachten sie an. Auch die Polizisten begannen zu schmunzeln. Das Eis war gebrochen. Die Polizisten fanden die Aufregung wohl genauso dämlich wie wir. Und die Fotografen knipsten wie wild. Der Zweck war erfüllt. Richtig gerührt aber war ich, als die Parteifreunde von Gollnisch mich in ein Hotel brachten und mir sagten, sie würden im Empfangsraum die Nacht über Wache halten, damit mir nichts passiere.

Mir ist nichts passiert. Ich kam unbeschädigt aus Lyon zurück. Bruno und seinen Freunden sei Dank. Gollnisch ist jetzt Generalsekretär der Partei.

Wortgewaltig und kameradschaftlich sprang mir Bruno Gollnisch auch im Plenum des Parlaments bei, als die FDP-Fraktion den Antrag einbrachte, mich wegen meiner Attacke gegen Ignatz Bubis öffentlich zu rügen. Im Parlament wurde ich wegen meines an die Adresse von Bubis gerichteten Vorwurfes der Volksverhetzung von den Vertretern der etablierten Parteien heftig beschimpft. Dabei hatte ich nichts anderes getan, als meine Partei vor der ungeheuerlichen Anschuldigung geschützt zu haben, ihre Anhänger würden Häuser anzünden. Der Antrag ging übrigens nur knapp durch. Erst ein paar Stunden vor Ablauf der gestellten Frist wurde die erforderliche Mehrheit der Hälfte der Stimmen dadurch erreicht, daß die „Edeldemokraten" mit mehr oder minder gelinden Pressionen die verunsicherten Abgeordneten wie die Wegelagerer zur Unterschriftenabgabe in die bereitgestellten Kabinen schleppten. Fairerweise muß angemerkt werden, daß Otto von Habsburg diese Aktion verurteilt hatte.

Es war die letzte Amtshandlung des Parlaments vor seiner Auflösung nach Ablauf der Legislatur-Periode im Jahre 1994. Ich sehe noch heute in dieser Verurteilung eine Auszeichnung. Ich hatte meine Ehrenpflicht als Parteivorsitzender getan. Jean-Marc Brissaud sagte: „Wenn die Wahlen vorbei sind, gibt es in Deutschland keine Brandanschläge mehr." Er sollte recht behalten. Aber wer auch immer die Täter gewesen sein mögen: der Zweck war erreicht. Die Wahlen gingen verloren. Aber vielleicht kommt die Zeit, wo die Hintergründe der Brände genau so aufgehellt werden wie die Grabschändungen von Carpentras.

Als meine deutschen Kollegen, Freunde und ich im Dezember 1996 auf Einladung von Le Pen zu einem Informationsaustausch nach Straßburg fuhren, überfiel mich tiefe Traurigkeit beim Vergleich des Zustandes zwischen dem Front National und den Republikanern. In Frankreich gibt es nur eine Rechtspartei. Vielleicht schaffen wir dies auch in Deutschland. Trotzdem: Der Austausch von gemeinsamen Erlebnissen hatte etwas nostalgisches, unwiederholbares.

Jean-Claude Martinez

Yvan Blot

Vizepräsident Dominique Chaboche

Zu den besten Rednern des Front National im Straßburger Parlament zählten auch Yvan Blot und Claude Martinez. Der 48jährige Yvan Blot, Sohn eines Offiziers und Widerstandskämpfers, kam, wie Mégret, von den Gaullisten. Seine Arbeit fand allgemeine Anerkennung. Zeitweilig gehörte er dem Beraterstab von Chirac an. Auch im Parlament war die Achtung zu verspüren, die in Erinnerung an gemeinsame Zeiten nicht wenige Gaullisten ihren ehemaligen Mitstreitern Blot und Mégret zuteil werden ließen. Der agile und vielseitige, im Umgang auch mit Gegnern stets höfliche Parlamentarier hat, wie sein Kollege Mégret Eliteschulen besucht, war Absolvent der ENA (Ecole Nationale d'Administration), des berühmten Nationalen Institutes für Verwaltung, aus dem so viele bedeutende Politiker und höhere Beamte Frankreichs hervorgegangen waren. Allerdings gibt es neuerdings Bestrebungen, die ENA abzuschaffen. Es wäre ein Verlust für Frankreich. Eliten fallen nicht vom Himmel.

Yvan Blot vertritt vor allem die musische und wissenschaftliche Seite des FN. Seine Bücher über „Ursprünge der Freiheit", „Zurückgehaltene Demokratie" und über das „Erbe von Athen" haben wissenschaftlichen Rang. Er steht in permanentem Kontakt mit den besten Köpfen des Landes, darunter Professoren an der Sorbonne und Mitgliedern der Académie Française und hat eine erfolgreiche Laufbahn an der Universität von Paris hinter sich. Blot ist ein Kenner und Bewunderer der deutschen Literatur und Philosophie, hier besonders von Nietzsche. Ich erinnere mich, wie wir gemeinsam Verse von Goethe und Schiller rezitierten und es uns mit den Freunden des FN und deutschen Kollegen in seiner Straßburger Stadtwohnung bei Elsässer Riesling und Leckerbissen aus der regionalen Küche, serviert von Einheimischen in traditioneller Tracht, gut gehen ließen.

Blot hat übrigens zusammen mit seinem Parteifreund Le Gallou den „Club d'Horloges", wörtlich den „Uhrenclub" gegründet. Das Ziel war, allmählich und stetig eine ideologische Waffe für eine aufeinanderzugehende französische Rechte zu schmieden. Am Anfang gehörten Gaullisten und Anhänger der Gruppierung um Giscard d'Estaing dem Club an. Aber die Clubmitglieder wurden alsbald vor allem von Chirac enttäuscht und gingen in der Anhängerschaft des Front National, der UDF („L'Union pour la Democratie Française" – Union für die französische Demokratie) von Madelin und von De Villiers, des Gründers der rechtskonservativen Bewegung in Frankreich „Mouvement pour la France" (MPF) auf.

Yvan Blot spricht ebenfalls ausgezeichnet deutsch. Aber auch holländisch, englisch und italienisch gehören zu seinem sprachlichen Repertoire. Als Deputierter für das Elsaß hat er es verstanden, aus dem Grenzland eine Hochburg des Front National zu machen. Le Pen hatte somit eine gute Wahl getroffen, als er Blot das Elsaß anvertraute. Es war eine schwierige Aufgabe. Auch im Elsaß gab und gibt es Autonomie-Tendenzen, vereinzelt und wenn auch zahlenmäßig gering sogar Gruppierungen, die einen Anschluß an Deutschland fordern. Um diesen von der Geschichte längst überholten Bestrebungen entgegenzusteuern, entwarf Yvan Blot vor etwa fünf Jahren ein Sonderprogramm für regionale Freiheiten in diesem Grenzland, in dem er auch für die Zweisprachigkeit eintrat. Le Pen gab seine Zustimmung. Ich habe bewußt einen Beitrag von Yvan Blot in dieses Buch genommen, weil ich glaube, daß dem Elsaß eine Brückenfunktion zukommt. Die Ideologie des FN wird den Rhein überschreiten und auch bei uns in Deutschland Wurzeln schlagen.

Äußerlich von ganz anderer Erscheinung als der schmalgesichtige Deputierte des Elsa ß, der eher dem angelsächsischen Typ ähnelt, ist Professor Jean-Claude Martinez für mich der Prototyp eines lebhaften, gestenreichen, dialektisch brillanten Südfranzosen. Ohne Übertreibung kann man ihn zu den besten Stegreifrednern des Parlaments zählen. Mit seinen sarkastischen, witzigen und aggressiven Formulierungen konnte er seine Gegner zum Amüsement seiner Freunde bis zur Weißglut reizen.

In der Fraktion nahm er eine privilegierte Außenseiterrolle ein. Sie erlaubte es ihm, dann und wann bei seinen Reden an den Rand der gemeinsam entwickelten Vorstellungen zu gehen. Ich erinnere mich eines Falles, wo sogar auf den Bänken der Abgeordneten des FN ein leises Murren zu vernehmen war, als er die Alhambra und die arabische Baukunst zu Symbolen von Höhepunkten der menschlichen Kultur machte. Ich konnte ihm so unrecht nicht geben, gehöre ich trotz wohl unbestreitbaren Eintretens für deutsche Belange zu jenen Menschen, die weniger in der Nordsee als im Mittelmeer das Taufbecken für die großen Genies der Menschheit sehen, wie Hannibal, Alexander der Große, Cäsar und Napoleon. Aber dem charmanten Kollegen Martinez wurden so kleine Eskapaden leicht verziehen, besonders von der Damenwelt, bei der er offensichtlich bemerkenswerten Anklang findet.

Claude Martinez gehört als Professor für Recht und politische Wissenschaft der Pariser Universität an. Er ist Autor von elf Büchern, darunter das Hauptwerk „L'Europe Folle" – „Europa verrückt", gemeint ist der Europawahn, wie er in dem Vertrag von Maastricht sichtbar zum Ausdruck kommt und den Martinez bei jeder Gelegenheit mit Sarkasmus und aggressiver Schärfe bekämpft. Für den Front National ist Claude Martinez besonders wegen seiner guten Beziehungen zur arabischen Welt von großer Bedeutung. Ihm, der sich im Plenum neben der Maastrichtproblematik und der Bekämpfung von fiskalischen Sünden vor allem in Fragen der Landwirtschaft zu Wort meldete, gehört auch das Verdienst, als einer der ersten auf die Gefahren des Rinderwahnsinns hingewiesen zu haben.

Carl Lang

Jean-Yves Le Gallou

Martinez spricht spanisch und katalanisch. Manchmal kam es mir vor, als hätte sich Martinez mit den Werken des politischen Publizisten Maurras beschäftigt, der sich stets der lateinischen Welt zugehörig fühlte und dem die germanischen Mythen und Lebensformen Unbehagen einflößten. Als ich allerdings Martinez auf sein Verhältnis zu Maurras ansprach, meinte er lächelnd, da würde ich wohl etwas hineininterpretieren.

Aus Kreisen der Spitzenleute des FN war zu erfahren, daß man große Hoffnungen auf den früheren Generalsekretär, den jetzigen Vizepräsidenten der Partei und Angehörigen des Europäischen Parlaments, Carl Lang, setze. Ich selbst habe den relativ jungen Mann, der mit einer blonden, zurückhaltenden Schwedin verheiratet ist, in seiner parlamentarischen Arbeit und Reden im Plenum nicht beobachten können, da er dem vorangegangenen Parlament noch nicht angehört hatte. Ein längeres Gespräch konnte ich mit dem Karate-Fan allerdings am Vorabend des VIII. Kongresses von Nizza vom 30.3. – 1.4.1990 bei einem Diner führen. Mir gefiel seine ruhige und präzise Art, über die politische Situation des FN zu berichten. Den hellhäutigen, hochgewachsenen Mann umgibt ein Hauch von Flandern. Er gilt als Vertreter der jungen Generation, die dereinst die Ideen des Parteigründers weitertragen soll.

Es würde den Rahmen dieses Buches sprengen, wollte ich all jene Persönlichkeiten erwähnen, die ebenfalls zur Führungsspitze gehören. Auf einige kann jedoch nicht verzichtet werden. Ich denke dabei an den Vizepräsidenten und Mitbegründer der Partei, Dominique Chaboche, der am ehesten der klassischen Rechten zuzuordnen ist. Der einst der Handelsmarine angehörende Normanne ist zuständig für die internationalen Beziehungen.

Seine Loyalität zu Le Pen ist über jeden Zweifel erhaben, sie ist übrigens nicht für alle Führungskräfte selbstverständlich. Auch in Frankreich gilt der Satz: „Der Sieg hat viele Väter, die Niederlage nur einen." Selbst wenn die Spitzenleute in der Partei unentwegt versichern, auch in Zukunft wären Diadochenkämpfe ausgeschlossen, so wissen sie doch genau, daß Streben nach Macht und Einfluß einfach zur menschlichen Natur gehören. Aber solange Le Pen an der Spitze der Partei steht, werden die Diadochen zwar mit den Füßen scharren, aber in ihren Startlöchern sitzen bleiben.

Zur Führungsspitze gehört auch der Europadelegierte Jean-Yves Le Gallou. Seit Anfang der achtziger Jahre ist er Mitglied des Front National. Er gehörte zuvor zur Anhängerschaft von Giscard d'Estaing. Der begeisterte Alpinist Le Gallou gilt als ein besonderer Kenner der deutschen Verhältnisse. Wie Yvan Blot ist auch Le Gallou ein „Enarque", das heißt Schüler der ENA. Der Vater von vier Kindern hat mit dazu beigetragen, daß andere rechte Gruppierungen in dem FN aufgingen. Wie stark seine Stellung in der Partei ist, geht auch daraus hervor, daß er auf dem Straßburger Parteikongreß 1997 mit der nach Mégret zweithöchsten Stimmenzahl von 3600 in das Zentralkomitee gewählt wurde.

Als einen bedingungslosen Parteigänger Le Pens habe ich während meiner Parlamentszeit Bernard Antony, den „Guérillero de la chrétienté", Krieger und Kreuzzügler für die Christenheit kennengelernt. Der kleine, umtriebige Mann, persönlicher Berater Le Pens in kulturellen Fragen, wirkte auf mich stets etwas aufgeregt und neigte zu emotionalen Ausbrüchen. Er reist unentwegt kreuz und quer durch die Welt, zum Lobe von Christus und Le Pen. Besonders ausgeprägt sind seine Beziehungen zu Polen.

Bernard Antony

Jacques Bompart

Die jetzige Gruppe der Europäischen Rechten mit 11 Franzosen und den beiden Flamen Frank Vanhecke, zweiter von rechts und Karel Dillen vierter von rechts. Inzwischen ist Martine Lehideux für den in die Nationalversammlung gewählten Le Chevallier wieder ins Europaparlament nachgerückt.

Ein sehr interessanter Mann ist auch Sid Ahmed Yahiaoui, Regionalrat von „L'Ile-de France". Es handelt sich um den Sohn des ehemaligen französischen Senators und Bürgermeisters von Sidi Bel Abbes, der von Anhängern des FLN (Front de la Libération Nationale), der algerischen Unabhängigkeitsbewegung, im Jahre 1962 ermordet wurde. Sid Ahmed Yahiaoui ist überzeugter Muselmane. Sein religiöses Bekenntnis bringt er durchaus in Einklang mit den Ideen des FN. Gerade für den FN gilt: Ein guter Algerier ist unabhängig von seiner Religionszugehörigkeit vor allem jener, der für Frankreich gekämpft hat; ein schlechter, der sich nach Frankreich illegal einschleicht oder die Geschäfte der Linken besorgt.

Die von dem Algerienkrieg herrührenden politischen Narben schmerzen immer noch. Das hörte ich in verschiedenen Gesprächen gerade mit älteren und aus dem militärischen Bereich stammenden Front-Mitgliedern heraus. Diese Narben verhindern auch eine hundertprozentige Akzeptanz der geschichtlichen Größe de Gaulles.

Bei keiner anderen Gelegenheit konnte ich übrigens einen tieferen Einblick in die Strukturen und die Verhaltensweisen der Partei bekommen als beim Kongreß der Partei in Nizza im Jahre 1990, der bis dahin machtvollsten Demonstration des Behauptungswillens des FN.

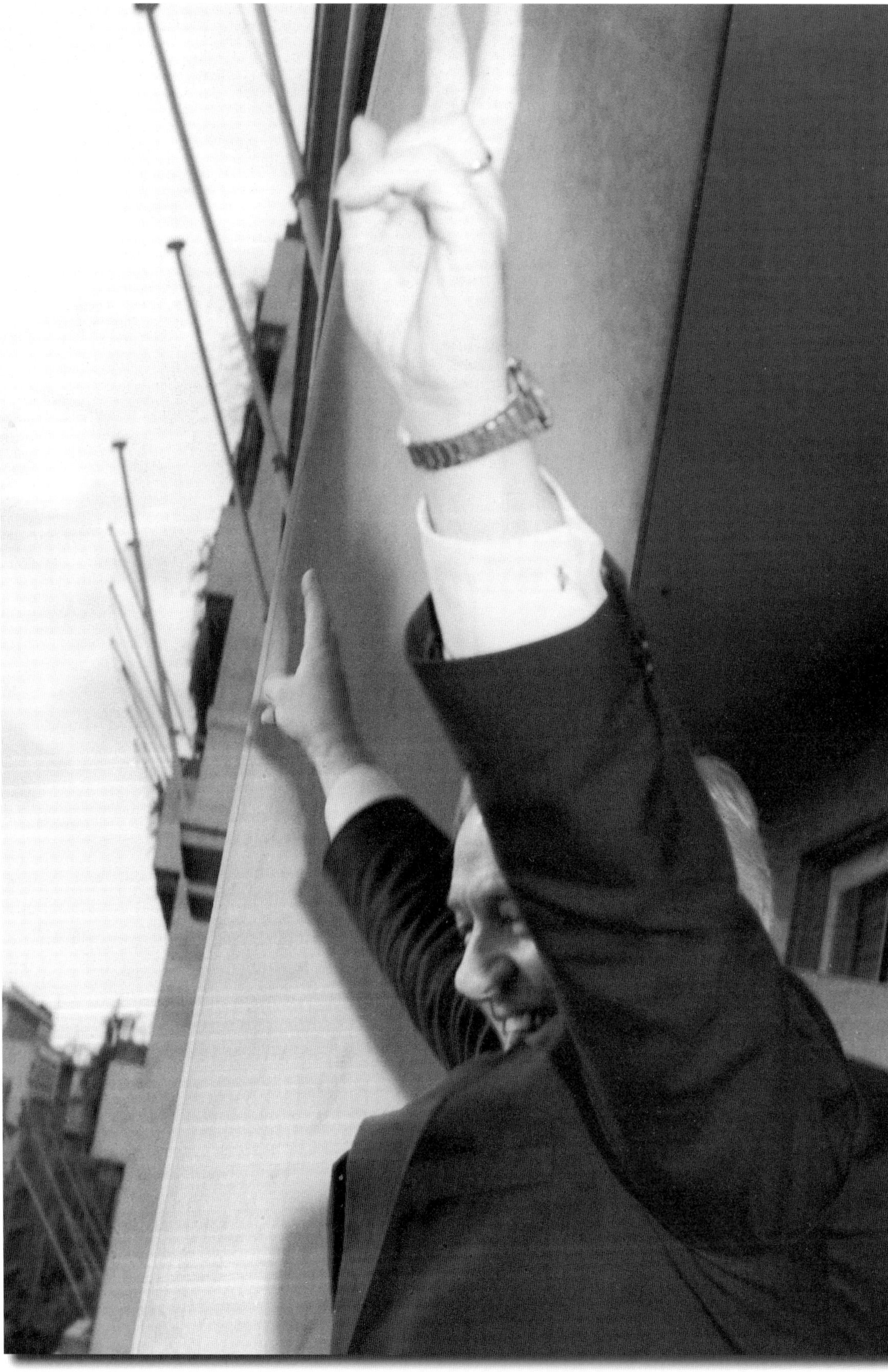

13. KAPITEL

Der Kongreß von Nizza

Schon hier zeigte sich der Unterschied zwischen dem Front National und meiner Partei, den Republikanern. Ich habe die Eindrücke von Nizza in meinem Buch „In Acht und Bann" so beschrieben: „Das Ganze hatte Stil, oder wie die Franzosen gerne sagen ‚allure'". Man sah, im Laufe der Jahre war hier eine feste Organisation entstanden, eine straff geführte, alle Berufsschichten erfassende Partei. Le Pen war unumstrittener Mittelpunkt. Er zog unter den Klängen des Chors der Gefangenen aus Verdis Oper „Nabucco" ein, stand dann allein auf der glanzvoll drapierten Bühne, das heißt er stand nicht, sondern hielt seine Rede auf- und abgehend mit dem Mikrofon in der Hand. Ein an der Stirnseite des Saales angebrachter überdimensionaler Fernsehschirm erfaßte suggestiv alle seine Bewegungen...

In meinem Gedächtnis ist vor allem der Ablauf der Vorstandswahlen haften geblieben. Von Deutschland her an pingelige und strikte Satzungsanwendungen gewöhnt, vor allem an die Selbstverständlichkeit geheimer Wahlen, kam ich jetzt aus dem Staunen nicht mehr heraus. Alle Personalabstimmungen waren offen und gingen ebenso rasch wie theatralisch über die Bühne. Ein pathetischer Tusch kündigte die obligate Frage an: „Qui est pour – contre?". Bei „pour" (dafür) flogen die Hände hoch, fast immer einstimmig. Dann wieder Tusch, der nächste Name! Man kann gegen offene Abstimmungen vor allem formal viel einwenden, aber warum soll nicht auch öffentlich gezeigt werden dürfen, wem man seine Stimme geben will?"

Noch ein Unterschied zu anderen Parteien fiel mir beim Front National auf: Er kennt keine Schiedsgerichte in der bei uns bekannten Form. Das vom Ausschluß bedrohte Mitglied muß sich einer „Commission de discipline" stellen, einer Art parteiinterner Kammer, der derzeit der Richter Yves de Verdilhac vorsitzt, Ritter der Ehrenlegion und Träger einer Tapferkeitsauszeichnung aus dem Zweiten Weltkrieg. Die Commission unterrichtet den Präsidenten über das Ergebnis ihrer Beratung. Das alleinige Recht, über einen Ausschluß oder nicht zu entscheiden, liegt dann beim Präsidenten.

Was im Umgang unter den Spitzenleuten des Front National auffällt, ist ihr Hang zur Einhaltung der hierarchischen Ordnung, der Etikette und der Titulierungen. Großer Wert wird auch auf nationale Würde in Verbindung mit historischen Traditionen gelegt. Bei feierlichen Anlässen wird die Schärpe mit den Farben der Trikolore angelegt. Mir gefällt übrigens die Schärpe als Zeichen des Amtes sowieso besser, als die bei uns übliche Amtskette. Und wenn eine Dame zu Bürgermeisterehren kommt, wie jetzt Catherine Mégret in Vitrolles, dann wird zur Schärpe auch das farbenmäßig passende Kostüm angezogen. Gerade in Frankreich vergißt auch eine Nationalistin nicht, daß Chic sich mit Überzeugung nicht schlagen muß. Hier hätten wir in Deutschland durchaus noch einen Nachholbedarf.

Jean-Marie Le Pen liebt es, „bewegt" seine Zuschauer zu überzeugen

14. KAPITEL

Staatsmännische Attitüde

Le Pen legte großen Wert darauf, daß die Fraktion in Straßburg und Brüssel bei aller Härte der politischen Auseinandersetzungen die parlamentarischen Umgangsformen strikt einhielt. Neben dem Agitator und Volkstribun sollte es stets auch den Staatsmann Le Pen geben. Dies zeigen die offiziellen Bilder in den Broschüren und Werbeschriften. Vor allem werden seine Treffen mit bedeutenden Persönlichkeiten ausführlich registriert, wie die mit dem ehemaligen Präsidenten der Vereinigten Staaten, Ronald Reagan, mit den Ex-Präsidenten von Gabun und der Elfenbeinküste, Omar Bongo und F. Houphhouet-Boigny, mit König Hassan von Marokko und dem einstigen japanischen Ministerpräsidenten Nakasone. Nicht wenige der afrikanischen Stammesfürsten hatten in der französischen Armee mit Stolz gedient und betrachteten deshalb Le Pen als Waffenbruder. Sie sahen in ihm keinen Rassisten. In diesem Zusammenhang muß noch einmal erwähnt werden, daß jene Algerier, die im Algerienkrieg in der französischen Armee gekämpft hatten, die Harkis, von den Funktionären des Front National immer respektvoll behandelt wurden und werden. Nach Ansicht vieler Le Pen-Anhänger waren sie das Opfer der Politik de Gaulles. Sie waren vom Mutterland verraten

Zu Besuch bei Präsident Reagan

worden. Jene, denen es nicht gelang, nach Frankreich zu entkommen, wurden nach dem Friedensschluß von den siegreichen Aufständischen schwer mißhandelt oder getötet.

Aus all den genannten Gründen paßte Le Pen unser „Aufstand" 1990 im Plenum des Parlamentes von Straßburg überhaupt nicht in das Konzept. Ich kann mich nicht mehr in allen Details an den Anlaß der Tumulte erinnern, weiß nur noch, daß die Sozialisten mit üblen und undemokratischen Tricks dem Kollegen Yvan Blot die ihm nach dem d'Hondt'schen Verfahren zustehende Leitung einer Delegation verweigert hatten. Sie begründeten dies mit angeblich rassistischen und undemokratischen Verhaltensweisen des FN. Darüber kam es im Plenum zunächst zu einem hitzigen Wortwechsel, wobei wir die Sozialisten als „Fachistes rouges", als rote Faschisten bezeichneten. Die Sozialisten brüllten zurück. Wir trommelten auf die Pulte, warfen den Sozialisten historische Sünden an den Kopf. Vergebens versuchte der Sitzungsleiter mit Hammer und Klingel unserer Wut Einhalt zu gebieten. Es half nichts. Wir machten weiter. Bernard Antony stimmte mit hochrotem Kopf gar die Marseillaise an: „Allons Enfants de la Patrie..." Jetzt griffen die Ordner auf Geheiß des Präsidenten ein. Er sah in ihnen wohl die „Enfants de la Patrie", die Kinder des Vaterlandes. Sie umzingelten uns. Auch das half nicht. Nun wurden die Mikrofone abgeschaltet, und als der Tumult immer noch weiter ging, auch das Licht. Die Sitzung war zu Ende. Wir fühlten uns als Sieger. Unsere Freude war jedoch nur von kurzer Dauer.

Da Le Pen abwesend war, versuchte ich am nächsten Tag als sein Stellvertreter dem damaligen EP-Präsidenten, dem Spanier Barón Crespo, unsere Motive zu erklären. Er nahm

Zur Audienz beim Papst

sie nicht zur Kenntnis, stand eindeutig auf der Seite seiner sozialistischen Gesinnungsfreunde. Le Pen hielt unser Verhalten wegen der negativen Berichterstattung auch nicht für glücklich. Im Plenum entschuldigten sich Antony und Gollnisch für unser Verhalten vom Vortag. Wir Deutschen akzeptierten aus Solidarität diese Geste, mieden allerdings als Zeichen stillen Protestes bei der Abgabe der Entschuldigung bewußt den Plenarsaal.

Von allen Treffen mit internationaler Prominenz wurde in den Broschüren und FN-Schriften das Treffen Le Pens mit Papst Johannes Paul im April 1985 hervorgehoben. Hier stellte er anläßlich einer Audienz die 16 Mitglieder der Fraktion dem Papst vor. Johannes Paul unterhielt sich gut zehn Minuten mit dem FN-Chef. Kernsatz der Unterhaltung war die Aufforderung an Le Pen: „Widersetzen Sie sich mit aller Kraft der Dekadenz Europas!"

Jean-Marie Le Pen versteht sich als gläubiger Katholik, als „homme de foi", als Mann des Glaubens. Immer wieder preist er die Ideale des christlichen Abendlandes. Wir mieden dieses Thema, Le Pen kannte meine distanzierte Einstellung zu den christlichen Kirchen. Aber als Deutscher tut man sich sowieso auf diesem Gebiet schwerer. Im Gegensatz zu Frankreich sind hierzulande die Kirchen alles andere als ein Hort des Patriotismus. Einige der eifernden deutschen „Gutmenschen" in Soutanen und Talaren, die sich überschlagen an Demutsgesten und Verleugnen historischer Traditionen sollten einmal nach Frankreich gehen und sich dort nicht nur im Rotlichtmilieu umschauen, um angeblich die verirrten Lämmlein zur Rückkehr in den christlichen Pferch zu animieren, sondern auch in den Kirchen selbst. Dann würden sie sehen, daß dort auch Militärfahnen hängen, und die Büsten großer Heerführer neben jenen

Chlodwig, der erste christliche König Frankreichs, gehört zu den Vorbildern des FN

von Dichtern und Denkern durchaus ihren Platz haben. Natürlich hat auch in Frankreich der Zeitgeist an traditionellen Vorstellungen der „Mère d'Eglise, der Mutter der Kirche", genagt. Gerade Atheisten und Linke werfen ihr vor, daß führende Bischöfe mit Vichy zusammengearbeitet hätten, daß der Kardinal Henri Marie-Alfred Baudrillart, Direktor des berühmten „Institut Catholique" sogar den Freiwilligen der LVF vor ihrer Abreise nach Rußland, um dort an der Seite der Deutschen gegen die Sowjets zu kämpfen, die Waffen gesegnet habe. Immer häufiger wird enthüllt, daß Mönche in diesem oder jenem Kloster Kollaborateure Jahre und Jahrzehnte versteckt hätten. Trotzdem, die Abwehrkräfte der französischen Katholiken sind stärker als die ihrer deutschen Brüder und Schwestern.

Vielleicht aber steckt dem hohen Klerus auch die Erfahrung noch in den Knochen, die er infolge allzu starker Anbiederung an den Zeitgeist in den sechziger Jahren machen mußte. Nicht ohne Wohlwollen begleitete er die Versuche idealistisch gesonnener und sozial eingestellter Kirchenmänner, als sogenannte „Arbeiterpriester" bei gleichen Bedingungen unter den Arbeitern zu leben. Doch nicht wenige gingen als Christen hinein und kamen als Marxisten heraus. Nicht nur aus diesem Grund schüttelten manche der französischen Katholiken mißbilligend den Kopf, als sie erfuhren, der Bischof von Straßburg habe allen Ernstes erwogen, die Türen der Eingänge zum Münster zu schließen, um damit den Plan Le Pens, während des Kongresses 1997 einer Messe beizuwohnen, zu durchkreuzen. Seit der Jakobiner-Herrschaft hat es solche Überlegungen nicht mehr gegeben.

Am Rande sei vermerkt, daß zeitweilig auch die Moon-Sekte Einfluß auf die Partei gewinnen wollte. Sie stellte mit dem Moon-Anhänger Pierre Ceyrac, einem gebildeten Mann aus großbürgerlichen Kreisen, sogar einen Abgeordneten in der Nationalversammlung. Im Europäischen Parlament arbeitete das Moon-Mitglied Roger Johnstone, Sohn eines Inders und einer Französin, in der Administration der Fraktion der europäischen Rechten und war zudem eine Zeitlang zuständig für Kontakte mit rechten Parteien außerhalb Frankreichs. Ich kann mir gut vorstellen, wie überrascht der eine oder andere in Deutschland angesprochene „Patriot" gewesen sein muß, als ein Dunkelhäutiger vor der Tür stand. Das gilt vor allem für jene, die im Rauschen der germanischen Wälder die Stimme Odins zu vernehmen glauben. Ich selbst habe erst nach der Europawahl von den wenigen „Moonies" im FN gehört, merkte aber sehr schnell, daß sie von einem großen Teil der FN-Funktionäre mißtrauisch beäugt wurden. Total abgelehnt wurden sie beispielsweise vom Ehepaar Stirbois. Mit den Parteiaustritten von Ceyrac und Johnstone erlosch jedoch jeglicher Einfluß der Moon-Bewegung. Mag sein, daß am Anfang Le Pen gewisse Sympathien für das eine oder andere Moon-Mitglied hatte, Einfluß auf seine Entscheidungen aber hatten sie wohl kaum.

15. Kapitel

Ursachen des weiteren Aufstieges

Es wäre falsch, den Front National, der über 100 000 Mitglieder zählt und organisatorisch hervorragend vernetzt ist, als reine Protestpartei abzutun. Natürlich hat der desolate Zustand Frankreichs, insbesondere was die öffentliche Sicherheit angeht, dem Front National Wähler zugetrieben; natürlich ist die Angst vor einer als immer bedrohlicher empfundenen Überfremdung ein idealer Nährboden für eine Partei, die „La France aux Français" – Frankreich den Franzosen – auf ihre Fahnen geschrieben hat. Aber der wirkliche Durchbruch gelang den „Lepenisten" erst, als viele Arbeiter im FN die Partei sahen, die ihre Interessen am besten vertreten würde. Sie wandten sich in Scharen von den traditionellen „Arbeiterparteien", den Sozialisten und Kommunisten ab. Vor allem die Kommunisten verloren mehr als ein Drittel ihrer Mitglieder, und die Partei erlitt dadurch auch schwere finanzielle Einbußen. Die Arbeiter sahen nicht ein, daß Einwanderer als Billigkräfte ihnen die Arbeitsplätze wegnehmen konnten, die Sozialisten und Kommunisten aber schwiegen, um ihre ausländerfreundliche Grundhaltung nicht in Frage stellen zu lassen. Sie gaben keinen Pfifferling

Mit drei Bürgermeistern: von links Le Chevallier, Simonpieri, Bompart

mehr auf die von Humanität triefenden Sprüche der Linksintellektuellen, der „Gauche Caviar“, der Kaviar-Sozialisten. Höhnisch forderten sie diese auf, einmal ein paar Wochen in ihren von Ausländern beherrschten Wohnvierteln

zu leben. Dann würden sie schon begreifen, warum ihre Tiraden vom friedlichen Zusammenleben nur dämliches Geschwätz seien.

Und trotz aller Diffamierungen erobert der FN einen Sitz nach dem anderen in den Stadt- und Regionalparlamenten. Gegenwärtig zählt er neben den Bürgermeistern in vier Großstädten, ein paar Dutzend weitere Bürgermeister in Dörfern und 1543 Gemeinde-, Stadt- und Regionalräte.

Das erklärte Ziel: Wieder wie 1986 in noch größerer Zahl in die Nationalversammlung einzuziehen

16. KAPITEL

Der Kongreß von Straßburg

Äußeres Zeichen für den nahezu unaufhaltsamen Aufstieg des Front National war der Kongreß von Straßburg vom 28. – 31. März 1997. Er verschaffte durch die turbulenten Begleitumstände in den Medien der Partei weltweite Aufmerksamkeit. Ich selbst konnte nicht teilnehmen. Die Präfektur hatte mich zur unerwünschten Person erklärt und jeden Schutz für mich abgelehnt. Den Verantwortlichen und Freunden des FN schien daraufhin das Risiko für meine Person zu groß zu sein. Sie dachten dabei vor allem an die Tausende aus Deutschland angekündigten Polit-Chaoten. Mein Grußwort wurde deshalb von dem ehemaligen Europaabgeordneten Dr. Hans Günther Schodruch verlesen. Hier mein deutscher Text:

„Verehrte Freunde vom Front National, verehrter Herr Präsident Jean-Marie Le Pen. Im Namen der deutschen Patrioten, die im Front National die Hoffnung für ein Europa der menschlichen Werte sehen und im Namen meiner Kollegen in der vorangegangenen Fraktion der Europäischen Rechten, den Herren Neubauer und Dr. Schodruch, grüße ich Sie von ganzem Herzen. Und – glauben Sie mir –, die Sympathisanten des Front National sind zahlreich in meinem Vaterland.

Für uns ist es Jean-Marie Le Pen, der ein Beispiel mutigen Widerstandes gegen all jene gegeben hat, die unser gemeinsames Erbe, unser kulturelles Erbe, unsere Zivilisation zerstören wollen, auch unsere Identitäten und die

Catherine Trautmann : « Ne pas céder au chantage »

Le maire de Strasbourg demande à tous ceux qui viendront manifester contre le Front national de « respecter la ville et ses habitants ».

Le maire socialiste de Strasbourg expose sa conception du combat politique, évoque son action sur le terrain et, à l'adresse des électeurs du Front national, explique : « *On ne peut surmonter les défis de notre temps qu'avec la certitude que nous avons un patrimoine commun, auquel Strasbourg a apporté sa part et sur lequel il n'y a pas à transiger.* »

LE FIGARO. – Ne craignez-vous pas qu'une partie de la population ne soit désorientée par le consensus anti-FN ?

– Le débat politique doit exister et je ne pense pas que le « front républicain » soit la solution. Que des gens de droite et de gauche soient, sur le fond, profondément heurtés par le risque que représente le Front national, c'est une chose. Mais notre responsabilité à tous – en premier lieu celle des partis – est de nous attaquer aux problèmes qui se posent à la société.

En se préoccupant en permanence de ce que défend, propose et obtient le FN, on déserte le terrain des défis posés par les problèmes économiques et sociaux. Alors que l'urgence est d'avancer dans les réponses à apporter à ces défis.

– Que faites-vous sur le terrain ?

– Le maire est le premier garant, dans sa ville, du respect réciproque entre les citoyens. Si le FN est dangereux, c'est parce qu'il en appelle constamment à la violence entre les gens, à l'intolérance et au rejet, en désignant les immigrés et en désignant aussi, avec un antisémitisme féroce et récurrent, ceux qui peuvent avoir une croyance différente.

Le maire peut mettre en œuvre une démocratie participative, de proximité, qui donne la possibilité à chacun de débattre dans son quartier des problèmes concernant le logement, l'école ou l'insertion des jeunes. Il est aussi le garant de l'égalité urbaine.

Le courage d'agir

– Comment faire comprendre à nos concitoyens qu'ils ont « des droits, mais aussi des devoirs » ?

– Ils doivent pouvoir vérifier [...] temps, faire œuvre de pédagogie et permettre aux gens de s'exprimer.

A force d'attendre un changement sans résultat, ils ont de quoi se poser des questions. Les problèmes que nous devons prendre en compte sont-ils plus durs que ceux qu'a connus notre pays au lendemain de la guerre ? Si la génération de nos parents a réussi à reconstruire le pays, à l'engager dans la modernité, je ne vois pas pourquoi nous baisserions les bras.

– Ni la gauche ni la droite n'ont réussi à réduire le chômage...

– L'Etat et les collectivités territoriales sont engagées dans la bataille pour l'emploi. Mais ils ne peuvent pas, seuls, apporter une solution à cette question. C'est un enchaînement de réponses qu'il faut. Ce qui me paraît essentiel, c'est d'agir pleinement en fonction de nos possibilités, notamment à travers la commande publique. Notre politique en faveur du logement, des transports en commun, des services de proximité montre que le social peut, non seulement apporter une aide, mais devenir un enjeu de développement. Mais pour financer ces politiques, nous devons réorganiser la répartition de nos ressources...

– Quitte à augmenter les impôts ?

– Oui. Les Français attendent [...] les municipales, le Front national a perdu dix points à Strasbourg. Et pourtant, nous nous étions engagés dans la campagne « Tous solidaires, tous égaux » du Conseil de l'Europe, malgré la mise en garde de ceux qui prédisaient des scores mirobolants du FN. Si on cède constamment à ce chantage-là, on ne prendra jamais de mesures positives.

– Certains Strasbourgeois disent qu'il n'y en a que pour certains quartiers ?

– C'est là le danger du FN. Il désigne des coupables alors que la politique menée en faveur des uns et des autres ne les sépare pas. Mais à l'inverse, les mêmes élus nous reprochent la construction du Musée d'art moderne... Ce qui fait la force du

Catherine Trautmann.
(Photo Gamma.)

de le renouveler. On ne peut plus répondre de la même manière qu'il y a trente ans à la situation des Français. Mais j'ai le sentiment qu'on se défausse de plus en plus sur l'échelon le plus proche du terrain, et notamment sur les maires, pour régler des problèmes qui concernent l'ensemble du pays.

– Que dites-vous aux électeurs du FN ?

– Nous savons, dans cette région qui a été souvent convoitée et déchirée, ce que signifie la liberté. Elle nous a été souvent contestée et nous avons souvent eu le sentiment de ne pas pouvoir nous déterminer dans nos choix. Mais nous savons aussi que Strasbourg est un symbole de réconciliation sur le plan européen et le symbole de la construction démocratique de l'Europe. Les Alsaciens y sont profondément attachés...

Pâques à Strasbourg marquera la concordance entre une fête à la fois grave et joyeuse, puisque c'est la victoire de la vie sur la mort. Il n'y a pas de fatalité à voir le FN durablement installé dans notre pays. On ne peut surmonter les défis de notre temps qu'avec la certitude que nous avons un patrimoine commun, auquel Strasbourg a apporté sa part et sur lequel il n'y a pas à transiger...

– Ne craignez-vous pas des affrontements qui pourraient ternir l'image de votre ville ?

Die Straßburger Bürgermeisterin Catherine Trautmann versucht, sich mit allen Mitteln gegen den FN zu profilieren. Den Kongreß kann sie nicht verhindern, trotz massiver Unterstützung der nahezu gleichgeschalteten Medien. Frau Trautmann ist übrigens das erste Stadtoberhaupt Straßburgs, das kaum deutsch spricht.

Wurzeln der Völker. Er hat uns gezeigt, daß man niemals auf die Ideen einer fundamentalen Überzeugung verzichten darf, selbst wenn die Umstände manchmal wenig aussichtsreich sind. Le Pen – das ist Cambronne!*

Aber es gibt einen historischen Unterschied: Der Front National stirbt nicht.

Liebe Freunde, nicht weit von hier fließt der Rhein. Nicht weit von hier gibt es noch eine Grenze. Aber Ideen kennen keine Barrieren. Und deshalb – und davon bin ich überzeugt –, wird das Elsaß einen Brückenkopf für eine Allianz zwischen den französischen und deutschen Patrioten herstellen. Die etablierten Parteien in Deutschland waren bisher mit ihrer klassischen römischen Methode erfolgreich: divide et impera – teile und herrsche! Aber mit der brüderlichen Hilfe von Jean-Marie Le Pen und seiner Freunde wird man die Schwierigkeiten überwinden können. Heute ist es nicht der napoleonische Adler, der von Turm zu Turm bis nach Paris fliegt, heute sind es die Ideen des Front National, die von Rathaus zu Rathaus bis zum Elysée-Palast fliegen.

Es lebe der Front National, es lebe Le Pen!"

Der Beifall war groß.

Pathetisch das Grußwort? Warum soll ich's leugnen. Bei diesem Grußwort sprach aus mir der Freund Le Pens und der Kollege der französischen Abgeordneten. Der Journalist in mir registriert allerdings im zeitlichen Abstand ein leichtes und etwas verlegenes Kopfschütteln. Wie hat Willy Brandt einmal gesagt: „Hätten Sie's nicht 'ne Nummer kleiner?" Zur Alibisierung meines Gefühlsausbruches: Auch der Lübecker hielt sich bei seinen Grußworten nicht an seinen Spruch. Übrigens: auch mein späteres Unbehagen gilt nur dem Ton und nicht der ganzen Musik. Zu der stehe ich weiterhin.

Straßburg war mit Bedacht zum Kongreßort gewählt worden. Ich möchte dazu jenen Mann zu Wort kommen lassen, der der Chef des Elsässer Front National ist und der innerhalb der Partei

* General Cambronne war der Führer der napoleonischen Garde, der bei Waterloo den Engländern zugerufen haben soll: „Die Garde stirbt, aber sie ergibt sich nicht!"

Blick in die Kongreßhalle

nach dem gelungenen Verlauf des Kongresses einen starken Wertzuwachs erfuhr; es ist der bereits erwähnte Yvan Blot. Aus seinem Beitrag spricht der Stolz, daß das Elsaß inzwischen zur stärksten Bastion des FN geworden ist:

„Bei der letzten Präsidentenwahl von 1995 gab es das beste Ergebnis für Jean-Marie Le Pen nicht in Südfrankreich, sondern im Elsaß. Er bekam 25,41% der Stimmen. Der ehemalige Ministerpräsident und Gaullist Edouard Balladur erreichte 16,7% und der Chef der Sozialisten Lionel Jospin 16,87%."

Bereits im Jahr 1992 bei den Regionalratswahlen erzielte der Front National 16,40% der Stimmen. Nach der Fraktion UDF/RPR mit zehn Sitzen wurde der Front National mit neun Sitzen zweitgrößte Fraktion. Außerdem bekam die kleine regionalistische Bewegung „Alsace d'abord" (Elsaß zuerst) zwei Sitze. Diese Bewegung war von dem ehemaligen FN-Abgeordneten Robert Spieler gegründet worden.

Nach dieser Regionalwahl wurden Yvan Blot als Leiter des FN im Unterelsaß und Gérard Freulet in der gleichen Position im Oberelsaß zu Vize-Präsidenten des Regionalrates gewählt. Als der Präsident des Regionalrates Marcel Ruddlof von der liberalen UDF 1996 starb, der tolerant mit dem FN umgegangen war, wurde Adrien Zeller, Bürgermeister von Saverne (Zabern) zu seinem Nachfolger gewählt. Er ging sofort eine Allianz mit den Grünen und Sozialisten ein, um eine Wiederwahl der beiden FN-Vize-Präsidenten zu verhindern. Diese Allianz stieß in der Bevölkerung weitgehend auf Unverständnis. Dazu Yvan Blot:

„Die Wähler von der UDF und vor allem von der RPR („Rassemblement pour la République" – Sammlungsbewegung für die Republik (Gaullisten)) haben oft sehr ähnliche Ideen und vertreten Werte wie die des Front National und können den Abkommen ihrer Parteien mit den Linken wenig Sinn abgewinnen."

Deutsche Patrioten suchen den Kontakt mit Le Pen. Links der ehemalige REP-Landtagsabgeordnete in Baden-Württemberg, Bernhard Amann, rechts eine Dolmetscherin.

Der jetzige Herausgeber von Nation & Europa Harald Neubauer und Dr. Schodruch im Gespräch mit Le Pen

Nach dem Erfolg bei den Präsidentenwahlen von 1995 hat der Front National auch bei den Stadtrats- und Gemeindewahlen gut abgeschnitten. Im Stadtrat von Straßburg erreichte er drei Sitze. In Mulhouse (Mühlhausen), einer Arbeiter- und Industriestadt von 100000 Einwohnern, überraschte der Front National mit einem Rekordergebnis. 35 Prozent der Einwohner gaben dem FN ihre Stimmen und 9 Sitze im Stadtrat waren die Folge. Wie auch anderswo, hat der FN seine besten Ergebnisse bei den Arbeitslosen, den Arbeitern und den jüngeren Wählern. In Straßburg zum Beispiel wählten in den Arbeitervierteln Neuhof und Kronenburg mehr als 30% den Front National, im Orangerieviertel, dem reichsten Stadtteil waren es nur 9%. Die Erklärung für dieses unterschiedliche Wahlverhalten liegt darin, daß es gerade die ärmeren Bürger sind, die unter der Unsicherheit auf den Straßen und dem Einwanderungsdruck leiden. In den reichen Vierteln, den Wohngebieten der „Bourgeoisie" gibt es nur wenige Türken und Marokkaner, die die zwei größten Einwanderungs-Gruppierungen im Elsaß darstellen. In den Vororten aber werden jährlich mehr als 500 Autos in Brand gesteckt. Die sich meistens aus Ausländern zusammensetzenden jugendlichen Banden finden ihr Vergnügen in einem makabren Wettbewerb: In welchem Stadtgebiet wird die größte Zahl von Autos verbrannt? Der „Préfet de Région" (Regierungspräsident) hat im Januar 1997 gesagt, einige Wagen zu verbrennen, sei eine Tradition bei den Festen am Ende des Jahres. Diese Aussage des Vertreters der Regierung und Chefs der Polizei zeigt, daß die Regierung das Leid der vorwiegend armen Bürger unterschätzt. Auch diese Situation führt zum Erstarken des Front National. Ich weise auf den großen antiken Denker Sophokles hin, der geschrieben hat, ‚Die Menschen lernen nur durch das Leiden‘.

Aber die guten Ergebnisse des FN im Norden des Elsaß lassen sich nicht allein mit der Immigration in Beziehung bringen. In kleinen Dörfern wie Kirrwiler gibt es keine Ausländer. Trotzdem wählte eine Mehrheit der Bürger Le Pen. Es sind Bauern, Arbeiter, Angestellte, die in kleinen Unternehmen oder in Deutschland als Grenzgänger arbeiten. Sie lieben Ordnung und halten es mit traditionellen Werten.

Auf noch ein Paradoxon möchte ich hinweisen: In den Dörfern, die hauptsächlich von Protestanten bewohnt sind und die Mehrheit der Bevölkerung im Alltag den elsässischen Dialekt und nicht die französische Hochsprache benützt, wurde Le Pen stärker gewählt als in den katholischen und französisch sprechenden Kreisen. Das hat seinen Grund: Der Front National ist zwar patriotisch eingestellt, aber nicht ‚jakobinisch', das heißt zentralistisch geprägt.

Erstaunlich ist das ausgezeichnete Verhältnis des EP-Abgeordneten zu seinem Landesverband. Blot ist kein gebürtiger Elsässer. Er stammt aus Boulogne. Mit der Erlernung des Dialektes begann er vor acht Jahren und spricht auch geläufig hochdeutsch. Er hat eine Charta für regionale Freiheiten der Elsässer verfaßt. Diese Charta, die von Jean-Marie Le Pen ausdrücklich empfohlen wurde, tritt für die Zweisprachigkeit im Elsaß ein. Sie verteidigt den „Droit Local". Das sind jene örtlichen Gesetze, die in der Vergangenheit deutsche waren und die nach Meinung von Yvan Blot auch noch heute vom elsässischen Volk sehr geschätzt werden. Der Abgeordnete führt als Beispiel die unter Bismarck erlassenen Gesetze an, die weit höhere soziale Gerechtigkeit erbracht hatten als die französischen. Auch das Verhältnis zwischen Kirche und Staat wurde in einer deutschen Gesetzgebung festgeschrieben und gilt heute noch im Elsaß und im Bereich von Nord-Lothringen (Département de la Moselle).

Yvan Blot: „Es gibt für den FN keinen Widerspruch zwischen nationalem Patriotismus und dem regionalen, alemannisch geprägten kulturellen Erbe des Elsa ß."

Ricardo Saenz de Yvestrillas und Alberto Torresano überbringen die Grüße der spanischen Patrioten

Der Vorsitzende des Vlaams Blok, Vanhecke, übermittelt die Grußbotschaft

Die Situation in Straßburg muß gesondert bewertet werden. Die sozialistische und besonders ausländerfreundliche Bürgermeisterin von Straßburg, Catherine Trautmann, hat im Februar 1997 eine „Charta für Ausländer" in Straßburg unterzeichnet. Dieses Papier wurde in enger Zusammenarbeit mit Ausländervereinen erstellt und gewährt den Ausländern allerlei Zuschüsse und Sozialleistungen. Dies unter dem Titel „Résident-Citoyen". Wegen ihrer stets publikumswirksam vorgetragenen Aktivitäten nennt Yvan Blot die Bürgermeisterin „a Schnawel Käth", Dialektbezeichnung für geschwätziges Weib. Im Stadtrat wies Blot darauf hin, der schönste Titel ändere nichts daran, daß es weit besser für einen reichen Scheich sei, in einem Luxushotel in Paris zu wohnen, denn als arabischer „Résident Citoyen" ohne Arbeit in einem Vorort von Straßburg. Die Ausländerfreundlichkeit von Madame Trautmann sei nichts anderes als Heuchelei, die gleichermaßen den Interessen von Ausländern und Franzosen widerspreche.

Yvan Blot faßt zusammen: „Die Erfolge des Front National sind jünger als die in Südfrankreich. Sie zeigen aber auch, daß die Partei nicht allein von den umstrittenen sozialen und kulturellen Verhältnissen Südfrankreichs profitiert. Die Devise ‚Ordnung muß sein' ist das beste Argument des Front National im alemannisch geprägten Land der Elsässer."

Ich möchte die Ausführungen von Yvan Blot durch persönliche Beobachtungen ergänzen, die ich als Parlamentsabgeordneter in Straßburg und bei Reisen durch das ganze Elsaß gemacht habe. Sie decken sich weitgehend mit denen des FN-Chefs vom Elsaß. Sie fanden ihre Bestätigung in Gesprächen mit jenen Berufsgruppen, die das sprichwörtliche Ohr am Volk haben, zum Beispiel bei den Taxifahrern in Straßburg und Gastwirten auf dem Land. Sogar Journalisten von deutschen Zeitungen, die alles andere als Freunde des FN sind, wie die der „Süddeutschen Zeitung“ kommen nicht umhin, auf die besondere Situation im Elsaß einzugehen. Zunächst bestätigt der Reporter Rudolph Chimelli in seinem Bericht vom 15./16. März 1997 auf Seite 3 die Erfolge: „Bei den Präsidentenwahlen hat Le Pen hier 25 Prozent der Stimmen erhalten, zehn Prozent mehr als im Landesdurchschnitt. Außer in Straßburg, Colmar und einem halben Dutzend anderer Städte lag er beim ersten Wahlgang fast überall an der Spitze. Es gibt Dörfer und Viertel, wo sein Anteil höher als 30 oder 40 Prozent lag, so in Bischwiller. Heimatbewußte Elsässer nennen es ‚Türkwiller‘, weil 500 der 9000 Einwohner ausländische Textilarbeiter sind.“ Und weiter schreibt Chimelli: „Über die existenzielle Frage, ‚was ist ein Elsässer?‘ meditierte der Kabarettist Roger Siffer in seinem letzten Programm, das er vor ausverkauftem Haus abwechselnd auf Französisch und im Elsässer Dialekt spielte. Er fand die kategorische Antwort: ‚Ein Elsässer ist ein Elsässer!‘ Aber ein guter Elsässer? ‚Ein guter Elsässer ist ein Franzos!‘ Und ein ganz guter Elsässer? ‚Ein ganz guter Elsässer ist schon fast ein halber Schwob!‘ In einer Essay-Sammlung zum Straßburger Appell schreibt Siffer über eine seltsame Vorliebe seiner Landsleute für Redensarten wie ‚Es isch waje der Ordnung (Es ist wegen der Ordnung): Ordnung ist das halbe Leben‘ oder ‚E güets Kommando esch halwer g'schafft‘ (Gutes Kommando ist die halbe Arbeit). Auch sei es noch heute nicht ungewöhnlich zu hören: ‚Diss hat's bim Hitler nit gan‘.“

Noch einmal sei erwähnt, weder die „Süddeutsche Zeitung“, noch Roger Siffer sind Freunde des FN. Und was den Hitler-Spruch angeht, sollten wir Deutschen nicht die Nase rümpfen. Derlei Geschwätz hört man nicht

Der Stand der Jugendorganisation

selten auch an deutschen Stammtischen. An der Bejahung der Demokratie durch die Elsässer ist nicht zu zweifeln, aber sie wollen halt eine „ordentliche" Demokratie und kein „chienlit", also permanentes Chaos. Und die zahlreichen Le Pen-Wähler sehen in ihm einen Garanten für Ordnung.

Ein Nachtrag zu einer persönlichen Begegnung mit der Straßburger Bürgermeisterin: Sie liebt die Deutschen nicht und haßt die deutschen Rechten. Beim Defilee anläßlich eines Empfanges der Europaabgeordneten in der Straßburger Orangerie ließ sie geschickt ihr Täschchen fallen, drehte sich ab, um mir nicht die Hand geben zu müssen. Zugegeben, ich revanchierte mich nicht sonderlich charmant. Von Journalisten auf den Vorfall angesprochen, sagte ich: „Das hatte auch sein Gutes, wenigstens brauchte ich mir nicht die Hand zu waschen." Nachträgliche Entschuldigung: Es war ein Affront seitens der Madame Trautmann, und da kann es schon mal dazu kommen, daß man nach dem Sprichwort handelt: „Auf einen groben Klotz gehört ein grober Keil." Und von Charme durchdrungen ist Madame Trautmann gewiß auch nicht. Sie ist die rechthaberische Verkörperung einer verbiesterten Karriere-Politikerin.

Soviel zur Vorgeschichte des Kongresses.

Vielleicht war es ganz gut, daß ich den Kongreß also von außen her verfolgen mußte. Dabei ließ ich mir kaum eine Fernsehsendung entgehen, seien es deutsche, französische oder englische gewesen. Von einer Station zur anderen „zappend", gewann ich einen umfassenden Eindruck von der medialen Wirkung des Kongresses. Die Verantwortlichen in den Fernsehredaktionen, samt und sonders Gegner des FN, leisteten ihrem Anliegen, Le Pen zu schaden, einen Bärendienst, indem sie ausführlich auf die Gegendemonstrationen eingingen, die Köpfe der FN-Gegner sozusagen hautnah

Die Elsässer weisen auf die Traditionen ihres Landes hin

Yvan Blot spricht

zeigten. Einige Typen, in Großaufnahme gebracht, schienen irgendeinem Gruselkabinett entsprungen zu sein. Jedenfalls führten sie sich so auf, wie man sich einen Bürgerschreck vorstellt. Eine Szene blieb mir besonders haften: Während der Kulturreferent der Stadt Straßburg sich ebenso redlich wie vergeblich bemühte, Sinn und Zweck der Demonstrationen zu erläutern, tauchten hinter ihm wie „Schachterlteuferl" immer wieder Gesichter auf. Sie grimassierten, rollten wild mit den Augen, fuchtelten mit den Händen, klopften dem zunehmend unsicherer werdenden Kulturmenschen auf sein schütteres Haupthaar und versuchten zuguterletzt, ihm auch noch eine Kappe über den Kopf zu stülpen.

In der Nacht vom Samstag auf Sonntag kam es obendrein zu der befürchteten gewaltsamen Randale. Pflastersteine flogen auf Polizisten, Reifen und Autos wurden in Brand gesteckt, Schaufensterscheiben eingeschlagen. An vorderster Stelle dabei waren die vermummten deutschen Autonomen. Das alles war Wasser auf die Mühle des FN. Seine Sprecher konnten triumphierend sagen: „Schaut hin, so sehen sie aus, unsere Gegner. So sehen sie aus, die Verteidiger einer angeblich humanen Demokratie." Der Generalsekretär der Partei, Bruno Gollnisch bezeichnete die aus Deutschland angereisten Chaoten als „rote und grüne Strolche von jenseits des Rheins. Sie sind heute internationale Sozialisten, wie ihre Väter Nationalsozialisten waren." Eine historisch nicht unbedingt beweiskräftige Behauptung, die man aber in der Hitze des Gefechtes nicht auf die Goldwaage legen sollte, vor allem, wenn man weiß, daß die Vorfahren von Bruno Gollnisch stets gegen deutsche Dominanz zu Felde gezogen waren.

Trotzdem ließ sich die Parteileitung nicht provozieren. Auch kritisch eingestellte Journalisten kamen nicht umhin, die Arbeit der Mitglieder des „Département DPS-Protection et Sécurité", des Ordnungs- und Sicherheitsdienstes der Partei als diszipliniert und zurückhaltend zu beschreiben.

Der FN beherrscht die modernsten Kommunikationstechniken

Le Pen nahm sich auch in Straßburg kein Blatt vor den Mund. Er geißelte die korrupten Politiker, die roten Hunde des Kapitalismus, die professionellen Hexenjäger des Antirassismus, die Freimaurer und die selbsternannten Intellektuellen. Er verwies auf die Alternative, Ordnung gegen Chienlit, populärer und deftiger Ausdruck für zügelloses Narrentreiben. De Gaulle hatte das gleiche Wort beim Ausbruch der Studentenrevolte im Juni 1968 gebraucht. Am Rande notiert: Einer der Hauptunruhestifter war damals Cohn-Bendit. Er wurde aus Frankreich ausgewiesen. Heute sitzt er als Europaabgeordneter der deutschen Grünen im Parlament. Tempora mutantur!

Die Sätze des FN-Chefs wurden natürlich genüßlich in den deutschen und französischen Zeitungen zitiert. Sie sollten dem Bürgertum signalisieren, diese Herren sind halt doch nicht salonfähig. Unter den Tisch fallen aber ließen sie weitgehend die Beschimpfungen aus den „Stoppt Le Pen"-Kreisen, die weit greller und schriller waren und vor keiner Verunglimpfung zurückschreckten.

Die im Parlament vertretenen Freimaurer reagierten sofort mit einem Appell, alle „republikanischen Kräfte" gegen den FN zu mobilisieren. Der FN wiederum schlug am 8. April 1997 zurück. Er forderte eine Untersuchung über die Freimaurerei und bezichtigte sie, eine die Politik mit Geld finanzierende Sekte zu sein. Sie stünde in Opposition zur Demokratie und habe mit dem republikanischen Ideal gebrochen. Damit hatte sich Le Pen mit einem nicht ungefährlichen Gegner angelegt. Der französische Zweig der internationalen Freimaurerei, der „Grand Orient", der unter Napoleon eine Betätigungserlaubnis erhielt und dadurch legalisiert wurde, hatte insbesondere bei der Linken stets großen Einfluß ausgeübt. Nicht wenige Minister, Staatssekretäre, Künstler, Schriftsteller und Journalisten gehörten und gehören den Freimaurern an. Inzwischen ist der Einfluß zwar rückläufig, aber immer noch stark genug, um in der veröffentlichten Meinung eine Rolle zu spielen. Dies nimmt der FN in Kauf. Hier steht er in der Tradition der klassischen Rechten der Vergangenheit, bei der auch eine Gleichsetzung der Freimaurer mit den Juden nicht unüblich war.

Generell lag der Hauptteil der Berichterstattung mit etwa 80 bis 90 Prozent bei der Darstellung der Demonstrationen. Von den inhaltlichen Diskussionen des FN auf dem Parteitag war so gut wie nichts zu sehen oder zu hören. Dabei muß man auch die Ignoranz mancher Medienleute in Rechnung stellen. So hieß es beispielsweise bei einer Nachrichtensendung im Bayerischen Fernsehen, Le Pen sei mit großer Mehrheit wiedergewählt worden. Was aber bedeutet für den Zuschauer „große Mehrheit"? Er denkt an 70 – 80 Prozent der Stimmen. Da ich die Modalitäten des FN kenne, z. B. die Wahl des Präsidenten durch Akklamation, wußte ich sofort, daß es sich um eine Falschmeldung handeln mußte. Und so war es auch. Selbstverständlich war Le Pen einstimmig zum Präsidenten wiedergewählt worden.

Sehr schnell wurde auch offenkundig, daß die sozialistische Bürgermeisterin Catherine Trautmann mit allen Medienmitteln zur Siegerin der „Schlacht um Straßburg" gemacht werden sollte. Fast alle jüdischen und die sogenannten antirassistischen Organisationen unterstützten diese Bestrebungen. Vanessa Pressier, Präsidentin der Union jüdischer Studenten in Frankreich, zeigte sich erstaunt: „... daß es 50 Jahre nach Kriegsende immer noch nötig ist, gegen Rassismus, Intoleranz und Antisemitismus zu kämpfen, so als hätte die Geschichte nicht aufgeschrien." Und Fodé Sylla, Präsident von SOS-Rassismus, gab sich beglückt, in Straßburg ein Frankreich gefunden zu haben, das sich gegen Vichy und den Algerienkrieg aufgelehnt hatte. Er sagte am 1. April im Figaro: „Jean-Marie Le Pen ist ein Anti-Franzose, der sein Land nicht liebt." Er meinte, bei dem FN stünde F für Faschismus und N für Nationalsozialismus. Der FN konterte mit einer Broschüre von Catherine Mégret: „V (Victoire) wie Vitrolles". Aber keiner der FN-Gegner ging so weit, wie ausgerechnet der liberale (sic!) Präsident des Niederrheins, Daniel Hoeffel, der den Kongreß wegen Störung der öffentlichen Ordnung verboten haben wollte. Da verhielt sich Catherine Trautmann klüger. Sie verwies auf die Tatsache, daß jede Partei, die nicht verboten sei, das Recht auf Abhaltung ihrer Parteitage habe. Die einst als ewige Theologie-Studentin nicht sehr ernst genommene, heute als „botteuse", als Arbeitstier geltende Offizierstochter hatte alles unternommen, um stets im Mittelpunkt zu stehen. Dabei kam sie auf die ausgefallensten Ideen. So ließ sie im Vorfeld des Kongresses wegen „Reparaturarbeiten" die Statue der Jeanne d'Arc vom Sockel nehmen, wohl um den Front-Leuten jede Form der Huldigung für ihre Ikone zu nehmen. Spötter meinten, sie wäre wohl selbst gerne als rote „Jungfrau von Orléans" auf den Sockel gestiegen. Le Pen wiederum quittierte das Bestreben, ihn unter allen Umständen vom Besuch einer Messe im Münster abzuhalten mit der ironischen Vermutung, vielleicht ließe man auch noch den einen, stehengebliebenen Turm abtragen und dazu die Tore vernageln, damit er nicht in die Kirche käme.

Chronistenpflicht gebietet, das nachzutragen, was die deutsche Presse versäumt hat, nämlich die Erwähnung der programmatischen Überarbeitungen und Neufassungen bestimmter Punkte in den noch gültigen „300 Maßnahmen" von 1993. In den von neun Arbeitsgruppen erarbeiteten programmatischen Nuancierungen ist als wichtigster Punkt die Grundsatzerklärung anzusehen. Darin heißt es: „Gebunden an die Rechtsgleichheit unter französischen Bürgern, unabhängig von ihrer Herkunft, ihrer Rasse oder Religion, verteidigt der FN die Souveränität und Unabhängigkeit der Nation. Festhaltend an der Meinungs- und Redefreiheit, der politischen Unabhängigkeit in der Schule, gilt für den FN das Prinzip der Regierung des Volkes durch das Volk und für das Volk."

Der FN achtet zwar die verschiedenen Religionen, will aber kein muselmanisch geprägtes Frankreich

Glücklich über den Verlauf des Kongresses: Das Ehepaar Le Pen

Damit gibt sich der Front National weit fortschrittlicher als beispielsweise der frühere liberale Staatspräsident Giscard d'Estaing, der von einer Gemeinschaft französischen Blutes sprach. Die deutschen Blut- und Boden-Ritter mögen es gern gehört haben. Aber wo blieb der Aufschrei der sogenannten Menschenrechtler und Anti-Rassisten? Er fiel sehr moderat aus. Ein Liberaler darf eben das sagen, was einem Rechten zur Todesfalle gerät.

Auch bei den deutschen Republikanern gab es um die Frage der Staatsbürgerschaft heftige und kontroverse Debatten. Als ich die These vertrat, Deutscher sei, wer einen deutschen Paß habe, ganz gleich welcher Rasse oder Hautfarbe er angehört, die Einbürgerung aber mit hohen Hürden versehen sein müsse, gab es besonders in den nördlichen Ländern Widerspruch. Deutscher ist, wer deutsches Blut hat, hielten mir nicht wenige Funktionäre entgegen. Auf meine eher ironisch gemeinte Gegenfrage, wie man denn ein Blut nach seiner Herkunft bestimmen könne, verwies man nebulös auf Geschichte, Tradition und Sitte. Meinen Hinweis, daß der größte russische Dichter und überzeugte Patriot, Alexander Puschkin, aufgrund seiner abessinischen Herkunft dunkelhäutig gewesen sei und gekräuseltes Haar gehabt habe, versuchten die intelligenteren unter den „Blutsbrüdern" dadurch zu entkräften, daß eben Ausnahmen die Regel bestätigen.

Zurück zu den programmatischen Änderungen im Front National: Zur „Préférence nationale", der nationalen Vorrangigkeit heißt es in einem Zusatzartikel: „Die französische Staatsbürgerschaft verschafft auf allen sozialen Gebieten das Recht zur nationalen Vorrangigkeit." Vorgesehen ist weiter eine Streichung jener französischen Gesetze, die einen Teil der Souveränität an Europa übertragen würden. Firmen, die Ausländer beschäftigen, sollten mit einer Sondersteuer belegt werden, am niedrigsten für europäische, am höchsten für nordafrikanische Beschäftigte. Eine Zollabgabe von 10 Prozent auf importierte Waren soll die einheimische Wirtschaft stärken. Das Ganze läuft auf einen Protektionismus hinaus, der bedrohte Wirtschaftszweige vor den Folgen der Globalisierung und der Billig-Konkurrenz der Dritten Welt schützen soll.

Gerade der geforderte Protektionismus ist in französischen Wirtschafts- und Unternehmerkreisen sehr umstritten, wobei die Ablehnung überwiegt. In weiten Teilen der Arbeiterschaft finden die diesbezüglichen Vorstellungen des FN dagegen eine eher positive Aufnahme.

Abgelehnt wird vom FN auch jede Form der Familienzusammenführung von Immigranten. Auf diese Weise hofft man, der Vermehrung von Einwanderern wirksam entgegentreten zu können. Auch die Aufenthaltsgenehmigungen und deren automatische Verlängerungen sollen nicht wie bisher 10 Jahre betragen. Zugestanden würde nur eine einjährige Verlängerung. Darüber hinaus soll es drastische Beschneidungen von Sozialleistungen für Ausländer geben, um deren freiwillige Rückkehr in die Heimatländer zu fördern. Ähnliche Vorstellungen herrschen auch in der Einbürgerungsfrage. Franzose wird man nicht allein durch Geburt in Frankreich. Mindestens ein französischer Elternteil wäre in Zukunft die Voraussetzung.

Nicht unpopulär angesichts der Zunahme von Gewaltkriminalität ist in Frankreich die FN-Forderung nach Einführung der Todesstrafe für Mörder, Rückfalltäter, Sexualverbrecher, Rauschgifthändler und Landesverräter. Durchaus logisch, daß diese Forderungen auch die Kündigung der Europäischen Menschenrechtskonvention einschließen.

Auf Widerstand in der Bevölkerung, vor allem bei Frauen und Mädchen, dürfte dagegen ein Verbot des Schwangerschaftsabbruches stoßen. Aber hier handelt der FN gemäß seiner betonten christlichen Wertvorstellungen durchaus konsequent; im Gegensatz zu den deutschen C-Parteien, die sich um ein klares Ja oder Nein herumdrücken und unentwegt zeitgeistige „Zwischenlösungen" anbieten.

Für den immer mehr zur Arbeiterpartei werdenden Front National ist es lebenswichtig, für soziale Verbesserungen einzutreten. So soll der gesetzliche Mindestlohn von 6400 auf 7000 Franc, rund 2300 Mark, angehoben

Der Ausklang

werden. Auch ein „Elterneinkommen“ soll es geben, um ein Verbleiben der Mütter im Haus zu ermöglichen.

Neben den Arbeitern gehören auch kleine Geschäftsleute und Handwerker zum Wählerstamm der Partei. Sie werden die Forderung nach Abschaffung der Einkommenssteuer gerne hören. Auch die Wiederherstellung der freien Gewerkschaften und die Förderung von Volkseigentum wird erwähnt. Schließlich soll auch die Bedeutung von Volksentscheidungen gestärkt werden.

17. Kapitel

Wandel durch Annäherung?

In einigen französischen Zeitungen wurde bei der Beurteilung der Programmneufassungen hervorgehoben, daß einige besonders schroffe Formulierungen hinsichtlich einer massenhaften Rückführung von Ausländern gestrichen und dafür die „republikanischen Werte" stärker herausgestellt wurden. Einige politische Zukunftsdeuter sehen darin lediglich den Versuch, der Diabolisierung zu entkommen und in den Verfassungsbogen eingebunden zu werden. Auf diese Weise käme man Bündnissen mit den etablierten Rechtsparteien näher. Unrealistisch ist die Bündnisfrage nicht. Schließlich gibt es in der Basis beispielsweise der Gaullisten eine nicht unerhebliche Zahl von Mitgliedern, deren Vorstellungen von denen mancher FN-Leute gar nicht so weit entfernt liegen. Auf diesen Umstand hat ja Yvan Blot in seiner Schilderung der politischen Situation im Elsaß bereits hingewiesen. Nur die Spitze der RPR lehnt jede Zusammenarbeit noch kategorisch ab.

Ob aber Bündnisüberlegungen, wenn überhaupt daran gedacht, aufgehen würden, ist sehr die Frage. Die Zusammensetzung der Mitgliederschaft des Front National ist zu heterogen, um sofort auf einen gemeinsamen Nenner gebracht werden zu können. Schließlich darf auch nicht vergessen werden, daß bei vielen Spitzenfunktionären des FN die Wunden noch schmerzen, die ihnen bei den politischen Auseinandersetzungen von den Gaullisten geschlagen wurden.

Die Front der Besiegten. Weder den Gaullisten noch den Liberalen hat die Verteufelung des FN genützt. Juppé (Mitte) hat inzwischen das Handtuch geworfen.

Ni raciste, ni antisémite Le Front National

répond aux organisations juives qui le combattent injustement

par

Bernard ANTONY
Député français au Parlement Européen

et

Jean-Pierre COHEN
Journaliste

GROUPE DES DROITES EUROPEENNES
4, rue Vauguyon - 92210 SAINT-CLOUD

Der Front National wehrt sich gegen den Vorwurf des Rassismus und Antisemitismus

18. Kapitel

Französischer Jude oder Jude in Frankreich

Straßburg lieferte auch ein Fallbeispiel für das Verhältnis des FN zum Judentum. Da in Straßburg die zweitgrößte jüdische Gemeinde in Frankreich sitzt, fühlten sich vor allem die Funktionäre jüdischer Verbände aufgerufen, aufs Schärste gegen die Anwesenheit Le Pens in der elsässischen Hauptstadt zu protestieren. Jean Kahn, Präsident der „Beratenden Kommission gegen Rassismus" und des israelitischen „Consistoire", der jüdischen Kultusgemeinde, lobte Catherine Trautmann und war stolz darauf, bei den Protestaktionen dabeigewesen zu sein. Er sagte: „Der Terrorismus hat die Franzosen dazu geführt, sich wiederzufinden. Vergessen wir nicht, daß der Rassismus eine Form von Terrorismus ist und dies mit Worten und Aktionen, die töten."

Gerade solche Ausführungen bewegen Le Pen zu heftigen Gegenreaktionen. Laut Agentur APF verglich er am Montag, dem 21. April, in einem Interview mit der US-Zeitschrift „New Yorker" den israelischen Regierungschef Netanjahu mit Hitler: „Wenn eine nationalistische und patriotische Ideologie als Grundlage des Nationalsozialismus angesehen wird, dann ist Netanjahu ein Super-Hitler." Und er äußerte sich erneut zu seinem heftig umstrittenen Ausdruck vom „Détail d'Histoire": „Wenn Sie ein Buch über den Zweiten Weltkrieg von 1000 Seiten zur Hand nehmen, haben Sie vier Seiten über die Deportationen und sechs Zeilen über die Gaskammern... Die Gaskammern sind ein Detail der Geschichte des Zweiten Weltkrieges."

Wäre Le Pen ein Deutscher, würde er sich mit einer solchen Äußerung sehr schnell auf einer Anklagebank wiederfinden. Möglicherweise müßte er sogar den Gang in ein Gefängnis antreten. Aber der Chef des Front National weiß, daß er die auch in Frankreich herrschende Schweigespirale nur mit provozierenden Sätzen sprengen kann. Ich habe ein ähnliches Verfahren auch in Deutschland versucht. Es ist mir nicht gut bekommen, hatte ich doch vergessen, daß Bückübungen bei nicht wenigen umerzogenen Deutschen zum täglichen Frühsport gehören. Und manche Christen sehen in einem Angriff auf Vertreter des von Gott auserwählten Volkes eine Art Gotteslästerung.

Aber eine aggressive Vorwärtsverteidigung ist für einen Parteichef ein zweischneidiges Schwert. Sie kann leicht zu einem Zweifrontenkrieg werden. Unterläßt der Parteiführer scharfe Angriffe, so wird ihm zum Vorwurf gemacht, man höre ja nichts von der Partei, weder in den Zeitungen, noch in Funk und Fernsehen werde sie erwähnt. Kommt es aber zu heftigen Gegenreaktionen in den Medien, so ist dies einem Teil der Parteimitglieder auch nicht recht, fürchten sie doch den Verlust der Wohlanständigkeit. Sie halten sich an das Sprichwort: „Wasch' mir den Pelz, aber mach' mich nicht naß!"

Schließlich nahmen aber die Angriffe jüdischer Organisationen derartige Ausmaße an, daß sich die Zentrale des FN veranlaßt sah, offiziell zurückzuschlagen. In einem „Schnellschuß" erstellten unmittelbar nach dem Straßburger Kongreß der Europaabgeordnete

Bernard Antony und der jüdische Journalist Jean-Pierre Cohen eine Broschüre mit dem Titel „Weder faschistisch noch antisemitisch – der Front National antwortet auf jüdische Organisationen, die ihn ungerecht bekämpfen.“ Beide Autoren, Co-Präsidenten des FN-Freundeskreises „Juden und Christen“, gebrauchten die gleiche Waffe wie ihre Gegner, die Zitatwaffe. Auch sie ist ein zweischneidiges Schwert. Es schlägt Schneisen in bestimmte Aussagen und reißt Sätze aus dem Zusammenhang. Raffiniert angewendet, kann die Zitatwaffe in der veröffentlichten Meinung ein Bild konstruieren, das den gegenteiligen Eindruck von dem vermittelt, was der Gegner in Wirklichkeit gemeint oder gesagt hat. Die Zitatwaffe ist aber wirkungsvoll, weil leicht eingängig. Man schaue sich in Deutschland die BILD-Zeitung an!

Nach dieser simplen Rezeptur handelten in Frankreich in der andauernden Auseinandersetzung die jüdischen Organisationen ebenso wie der FN. Letzterer aber kann sich darauf beziehen, daß er unentwegt gröblich angegriffen wird und sich deshalb berechtigt fühlt, nach dem Sprichwort zu handeln: „Auf einen groben Klotz gehört ein grober Keil.“ Daß gerade der jüdische Mitarbeiter an der FN-Broschüre, Jean-Pierre Cohen, Zielscheibe wüstester Attacken wurde, versteht sich von selbst: Ein Jude, wie kann er bloß!

Schon in den einleitenden Sätzen wird in der Broschüre die Frontlinie abgesteckt. Mit Blick auf die Unterstützung jüdischer Organisationen für etablierte Parteien wird der jüdische Publizist Jean-Pierre Bloch zitiert: „Es wäre schändlich und skandalös, würde die jüdische Gemeinschaft nicht Jacques Chirac auf dem Weg zu den Präsidentschaftswahlen folgen. Man kann nicht immer nur fordern, empfangen und im Gegenzug nichts geben.“

In der Broschüre wird dieser Aufruf zum Anlaß genommen, Juden zu Wort kommen zu lassen, die nicht auf dieser Wellenlänge liegen: „Diese Rede von Jean-Pierre Bloch, an die die ‚Tribune Juive‘ am 11. Mai 1995 erinnert, macht einmal mehr die Böswilligkeit jener deutlich, die nach dem Tod von Jean-Marie Le Pen rufen, wenn er das unbeschreibliche Verbrechen begeht, einfach an Fakten und Vorgänge zu erinnern. Es war nicht Jean-Marie Le Pen, sondern Jimmy Goldsmith, der, obwohl selbst Jude, angesichts der Flut gewisser böswilliger, jüdischer Propaganda schon am 24. September 1979 versichert hat: ‚Ich selbst werde zutiefst Antisemit‘.“ (Zitiert nach J.-F. Revel in seinen vom Verlag Plon herausgegebenen Memoiren)

Eine nicht ungeschickte Anspielung auf den in der Geschichte nicht selten zu findenden jüdischen Selbsthaß. Aber sie ist vergleichsweise milde, denkt man an die wüsten gegenseitigen Beschimpfungen, mit denen sich die führenden Politiker und Publizisten der beiden deutschen sozialistischen Bewegungen, Marx und Lassalle überzogen hatten.

Auf Seite sieben der Broschüre werden jene jüdischen Organisationen und Publikationen angeführt, die Hauptträger im Kampf gegen den FN sind, angefangen von B'nai-B'rith bis zur „Tribune Juive“ und weiteren 20 Organisationen, über die es heißt ... „ermutigt durch Jacques Chirac und Douste-Blazy und finanziert von der Europa-Union hören (sie) nicht auf, mit Anti-Lepenismus den Hauptteil ihrer Zeitungsspalten, Kolloquien, Kommuniqués, Bekanntmachungen und Protesten zu füllen. Aber wenn Jean-Marie Le Pen auf diese Koalition jüdischer Organisationen antwortet und dabei in völligem Gegensatz zu der harten israelischen Praxis steht, die sie übrigens bedingungslos unterstützen, dann ist das ein Beweis für seinen Antisemitismus.“

Auf das immer wieder demonstrierte jüdische Überlegenheitsgefühl soll ein Satz des bedeutenden jüdischen Historikers Bernard Lazare hinweisen: „Wenn der Antisemit einem Juden vorwirft, Teil einer fremden und widerlichen Rasse zu sein, so hält sich der Jude für eine auserwählte und höherstehende Rasse.“ (Histoire de l'Antisémitisme Kapitel D. Seite 132) Auch der Gründer des Zionismus,

Jean-Marie Le Pen unterrichtet den Autor über die neuesten Diffamierungsaktionen gegen den FN

Theodor Herzl, wird zitiert: „Unsere Rasse ist alles in allem fähiger als die meisten Völker der Erde." („L'état Juif" Verlag Stock-plus, Collection Judaisme/Israel – Seite 217)

Einen gewissen jüdischen Zynismus in bezug auf Nichtjuden soll eine zitierte Episode aus dem jüdischen und liberalen Intelligenzblatt „Passages" dokumentieren: „Ein Modell der Familie Madame R: Sie und ihr Mann haben wie alle ihre Kinder nur jüdische und praktizierende Freunde. – Und die Küchenangestellte? Ist sie ebenfalls Jüdin? – Madame R. schüttelt sich vor Lachen: ‚aber doch wohl nein'." (Mai 1988, Seite 35) Und im Oktober 1988 findet sich auf der Seite 82 eine Deutung von jüdischem Rassismus: „Es genügt mir zu wissen, daß ein Mädchen meiner Herkunft mit einem Nichtjuden schläft, um diesen Hinweis unerträglich zu finden."

Auch die Geschichte wird bemüht. Gezielt kommen dabei vor allem Vertreter des linken Lagers zu Wort: „Im 19. Jahrhundert brachten Auguste Chirac von der ‚Revue Sozialiste', Zola, Vacher de Lapouge und mit Blanqui die revolutionären Chefs der Kommunarden den selben Haß zum Ausdruck, wie jener von Proudhon, Vater des französischen Sozialismus, der öffentlich bekannte: ‚Der Jude ist der Feind der menschlichen Gattung, man muß diese Rasse schnellstens nach Asien zurückschicken oder sie ausrotten'." (Zitiert von Arthur Conte: „Marx und seine Epoche", Seite 94, Verlag Fernand)

Leider fand der Judenhaß der Linken in Frankreich eine tragische liberal-konservative deutsche Entsprechung. Einer der fähigsten deutschen Politiker in der ersten Hälfte unseres Jahrhunderts, Walter Rathenau, überbot sich in unbegreiflichem jüdischen Selbsthaß: „Seltsame Vision. Inmitten deutschen Lebens ein abgesonderter, fremdartiger Menschenschlag, glänzend und auffällig staffiert, von heißblütigem beweglichen Gebaren. Auf märkischem Sand, eine asiatische Horde."

Eine Steilvorlagefür die NS-Rassepäpste.

Für den Front National sind in Frankreich die Äußerungen der jüdischen Organisationen nicht mit der Gesamtheit der Juden gleichzusetzen.

Aus gutem Grund bevorzugt er die Bezeichnung „französische Juden" und nicht „Juden in Frankreich".

19. Kapitel

Im Hauptquartier des Front National

1. Mai 1997, Flugplatz Charles de Gaulle. Mein Verleger Dr. Gert Sudholt und ich landen um 12.10 Uhr, strahlender Sonnenschein, „lateinisches" Licht!

Fahrt mit dem Taxi zum Place de l'Opéra, Schauplatz der Mai-Kundgebung des FN. Der Chauffeur ein Algerier. Was er von Le Pen halte? Ein böser Mann, Ausländerfeind, Rassist! – Wie er wohl abschneiden würde? – Hélas, il est fort, leider ist er stark, schätze gut 20 Prozent. – Wenn er bloß recht hätte, denke ich.

Der Place de l'Opéra ist weiträumig für Autos gesperrt. Wir gehen zu Fuß auf den Platz zu. Hören schon von ferne Musik. Und je näher wir kommen, umso starker schwellen die Klänge der Nationalhymne an, der Marseillaise, jenes Revolutionsliedes, das die Herzen höher schlagen läßt.

Endlich sind wir am Versammlungsort vor der Oper. Etwa 10 000 Menschen stehen dicht an dicht inmitten eines Meeres von Fahnen und Transparenten. Es herrscht eine fröhliche Atmosphäre. Am Rande Würstelbuden, Getränkestände, keine Störung. Auffallend viele dunkelhäutige Menschen. Sie wirken wie farbige Tupfer in dem beeindruckenden Bild. Sie schwenken begeistert die Fähnchen des Front National, tragen die blau, weiß, rote Kokarde mit Schleife am Revers.

Die Versammlung ist gerade zu Ende gegangen. Überall bilden sich lebhaft gestikulierende Gruppen und Grüppchen. Junge Menschen in T-shirts diskutieren mit Veteranen in Uniformen, Ordensspangen und Ehrenzeichen an den trotz der Wärme zugeknöpften Jacketts.

Aus den Lautsprechern dröhnt ein buntes musikalisches Potpourri. Märsche wechseln sich ab mit den Klängen des Chores der Gefangenen aus Verdis Oper „Nabucco", dann Beethovens Neunte: Freude, schöner Götterfunke!

Ich entdecke Madame Stirbois mit ihren Kindern, einem ernst blickenden Sohn und einem lebhaften mediteran hübschen Mädchen. Le Pens Tochter Yann, die Frau des langjährigen Jugendchefs und Mitgliedes des Politbüros, Samuel Maréchal, läuft mir über den Weg: „Hallo, was macht Papa?" – „Ihm geht's gut, er ist schon voll in Aktion." Ich treffe inmitten von Journalisten die Pressechefin Le Pens, Sophie Brissaud, Ehefrau des für die Administration der FN-Fraktion im Europaparlament verantwortlichen Jean-Marc Brissaud. Er gesellt sich zu uns. Ich mag seinen trockenen Humor: „Na, Jean-Marc, die Wahlchancen"? – „Die Wahl kommt zu früh. Die Vorverlegung ist allein gegen uns gerichtet. Die Massenmedien grenzen uns wieder mal aus. Trotzdem, wir werden zulegen, besser abschneiden, als in den Prognosen vorausgesagt. Aber jetzt müssen wir weg, haben noch zwei weitere Versammlungen." – „Bonne Chance Sophie et Jean Marc." – „A demain, auf morgen" – „A demain alors!"

Für den nächsten Tag sind wir zu Gesprächen mit Jean-Marie Le Pen und der Führungsspitze des FN in dessen Hauptquartier im ruhigen Pariser Vorort St. Cloud, 4, Rue Vauguyon um 10 Uhr verabredet. Der Taxifahrer tut so, als kenne er die Straße nicht, schaukelt uns planlos durch die Gegend. Wir bringen ihn auf den richtigen Weg, zahlen dafür auch noch den doppelten Preis. Alle anderen Taxifahrer entpuppen sich dagegen als Anhänger des FN.

Das Gebäude in der engen Gasse wirkt, von außen betrachtet unscheinbar und nicht übertrieben abgesichert. Befindet man sich aber im Innern, so zeigt sich sehr schnell, daß der äußere Eindruck trügt, weil der Hauptteil sich nach hinten, von der Straße her nicht einsehbar, erstreckt. Das dreistöckige Haus mit etwa 100 Zimmern und Konferenzräumen verfügt über 5000 Quadratmeter Fläche und ist Eigentum der Partei.

Von der Gier der etablierten Parteien nach mehr Geld hatte auch der FN profitiert. Rund 10 Millionen Mark erhält er jährlich durch Subventionen aus der Staatskasse.

Abschlußveranstaltung auf dem Place de L' Opéra am 1. Mai 1997

Die traditionelle Kundgebung zum 1. Mai

Auf den Gängen und in den Räumen geht es turbulent zu. Trotzdem ist die Atmosphäre entspannt. Scherzworte fliegen hin und her. On attaque – Angriff ist die Devise. Und jetzt erst recht! Der Chirac soll mit seiner miesen Methode nicht durchkommen. Die Mädchen sind chic angezogen, viel Beinfreiheit. Einige könnten durchaus bei Schönheitskonkurrenzen bestehen. Auch im Zentrum der Partei arbeiten Frauen und Männer, deren Hautfarbe auf afrikanische oder arabische Herkunft hindeuten. Alles in allem sind es etwa 100 Menschen, die hier beschäftigt sind. Als ehemaliger Vorsitzender einer Partei, die unentwegt Schwierigkeiten hatte, sich einen modernen Propaganda-Apparat zuzulegen, sehe ich mit einem gewissen Neid, wie hier mit den neuesten Kommunikationstechniken gearbeitet wird.

Wir treffen uns mit dem Vize-Präsidenten der Partei, Dominique Chaboche, in seinem mit Akten vollgestopften Büro. Der hochgewachsene Normanne, ehemaliger Angehöriger der Handelsmarine, Gründungsmitglied der Partei und enger Freund Le Pens, kommt uns kameradschaftlich entgegen. Er nimmt sich trotz des Wahlkampfes viel Zeit und beantwortet ebenso präzise wie geduldig meine Fragen. Seine Wahlprognose: Alles ist möglich. Er hat schon viele Wahlkämpfe hinter sich, doch sein Elan ist ungebrochen.

Wir kommen auf ein Thema zu sprechen, das gerade an diesen Tagen von hoher Aktualität ist: Le Pens Verzicht auf eine Kandidatur bei den vorgezogenen Wahlen. Ich hatte schon auf dem Flug meinem Verleger vorausgesagt, daß Le Pen nicht antreten würde. Und zwar aus den gleichen Gründen, die dann Le Pen angeführt hatte und die in unserem Gespräch Chaboche für absolut richtig hielt: Mehrfachbelastung Le Pens als Parteivorsitzender, Europaabgeordneter und Regionalrat, dazu eine Vorbereitung auf mögliche vorgezogene Präsidentschaftswahlen im Falle eines Scheiterns der bisherigen Majorität. Dann müßte Chirac wie einst De Gaulle nach Le Pens Meinung zurücktreten und er, Le Pen würde als Kandidat antreten. Ich weise Chaboche auf die zynischen Bemerkungen in der Presse hin, wonach Le Pen ein innerparteiliches Risiko scheue: Es würde eine Schwächung seiner Autorität bedeuten, käme beispielsweise Bruno Mégret in dem günstigen Wahlkreis Vitrolles (Bouches-du-Rhone) in die Nationalversammlung, Le Pen infolge des tückischen Mehrheitswahlrechtes aber nicht. Chaboche wischt dieses Argument mit einer Handbewegung vom Tisch: „Unsere Gegner versuchen alles, um Zwietracht in unsere Partei zu tragen, aber das ist aussichtslos. Le Pens Autorität ist größer denn je. Und er hat von uns allen das größte politische Gespür. Schon vor ein paar Monaten sagte er mir: ‚Dominique, ich wittere es. Neuwahlen liegen in der Luft. Wir sollten schon jetzt mit der Kandidatenaufstellung beginnen.‘ Die Freunde und auch ich haben ihm nicht so recht geglaubt, gingen aber sofort an die Arbeit. Heute können wir darüber nur froh sein.“ Dann frage ich Chaboche, was er von den Hinweisen auf das Scheitern von Poujade halte, das mit dem Aufstellungsverzicht Le Pens in Verbindung gebracht werde? Auch Poujade sei als Parteivorsitzender 1958 ja nicht als Kandidat für die Wahlen zur Nationalversammlung in das Rennen gegangen, Le Pen aber schon und dann als jüngster Abgeordneter in die Nationalversammlung eingezogen. Und habe nach Meinung der Presse deshalb in kürzester Zeit in der Bewegung den Ton angegeben, weil er ein politisch-parlamentarisches Podium gehabt habe, Poujade aber nicht. Die Antwort darauf kommt lachend: „Da gibt es einen gravierenden Unterschied: Le Pen ist nicht Poujade.“

Wir unterhalten uns mit Chaboche über das Mehrheitswahlrecht. Wir sind der Meinung, daß es lediglich pseudo-demokratisch ist. Es sei doch ein schlechter Witz, daß die Kommunisten mit 8 bis 10 Prozent Wählerstimmen infolge von Wahlbündnissen bis zu 20 Abgeordnete stellen könnten, eine Partei aber wie der Front National mit beispielsweise 15 Prozent unter Umständen keinen einzigen.

Zuhause in der Bretagne

Die Mutter von Jean-Marie vor dem Kriegerehrenmal. Hier findet sich auch der Name des Vaters.

Nach einiger Zeit kommt Le Pen. Freundschaftliche Umarmung. Wir gehen gemeinsam in sein Büro, das an der Stirnseite von der Nachbildung eines Segelschiffes beherrscht wird: Le Pen, der Deputierte des Meeres! Auch der Präsident spricht von einem Anschlag des Staatspräsidenten gegen demokratische Gepflogenheiten, spart nicht mit heftigen Worten gegen das System und lädt, quasi als Ausgleich, zu einem Mittagessen in seine nicht weit von der Parteizentrale entfernte Villa in Saint Cloud ein.

Aber erst müssen wir noch arbeiten. Großzügig stellt Chaboche das ganze Bildarchiv zur Sichtung für unser Buch zur Verfügung. Brissaud schleppt zudem ganze Berge von Akten und Dokumenten heran. Wir wühlen in den Bildern, machen reiche „Beute".

13 Uhr Abfahrt. Wie immer wird das Auto Le Pens von einem Polizeiwagen eskortiert. Nach einigen Minuten Fahrzeit stehen wir vor einem großen schmiedeeisernen Tor. Zwei schlanke Hunde, Dobermänner, kommen herbeigerannt, begrüßen, an ihm hochspringend freudig den Chef, scheinen in uns Freunde zu wittern, lassen sich streicheln. Das sind also die ominösen Dobermänner, die immer wieder in Presseberichten erwähnt werden und unter deren Existenz sogar die Töchter in der Öffentlichkeit zu leiden hatten. Ich erinnere mich an die faire Biographie „Die Wahrheit über Le Pen" von Roger Mauge, wo er auf Seite 225 die Angriffe der Gegner ironisiert: „Es gibt in St. Cloud bei den Le Pens einen Dobermann, einen Wachhund auf der Freitreppe. Nachdem die Presse von den blutrünstigen Dobermännern geschrieben hatte, diesen deutschen Hunden, die faschistisch agieren, als heimtückisch gelten und Le Pen gehören, muß sich Yann diesen Vorwurf während des Unterrichts vor ihren Mitschülern gefallen lassen. Der fragliche Dobermann ist aber eine schon ziemlich bejahrte Hündin, leidend – eine Pfote war ihr amputiert worden – und eher sanftmütig. Wenn man am Eingang läutet, hebt sie nicht einmal den Kopf. Trotzdem: allein die Existenz dieses Tieres genügt als Anklage gegen die Schülerin Le Pen."

Die beiden verspielten, springlebendigen Dobermänner scheinen zum Nachwuchs der „alten Hundedame" zu gehören. Besonders diszipliniert, wie man es von „Gestapohunden" erwarten könnte, oder gar unterwürfig gegenüber dem Chef benehmen sie sich nicht. Wenn er sie gutmütig davonscheucht, sind sie, getrieben von Neugierde, bald wieder da und wollen gestreichelt werden. Ich frage mich, warum Teile der französischen Presse noch nicht darauf gekommen sind, daß auch Le Pen in den Teppich beißen würde, wie es weiland der andere Besitzer eines „deutschen Hundes", eines Schäferhundes, getan haben soll. Schließlich ist manchen linken Journalisten nichts, aber auch gar nichts zu dämlich, um nicht gegen „Faschos" verwendet zu werden. Ich weiß, wovon ich rede. Vom Syphilitiker, Deserteur, Rauschgiftsüchtigen usw. reichte die Skala der Verleumdungen gegen mich. Der Kampf gegen Patrioten wird zentral gesteuert und international vernetzt geführt.

Wir gehen in das Haus. Es ist stilvoll eingerichtet, weltläufig, viele Gegenstände, Vasen und Schalen aus Asien, wohl Erinnerungen an die Dienstzeit in Vietnam. Wir treten auf die Terrasse hinaus. Paris liegt uns zu „Füßen". Wundervoller Blick über den Eiffelturm bis hinüber nach Montmartre mit der Cathédrale von Sacre Coeur.

Im ausgedehnten Park nehmen wir einen Drink und dann bittet Le Pen zum Mittagessen. Wir sind zu sechst: Le Pen, die Pressesprecherin Sophie Brissaud, der Vizepräsident Chaboche, der Direktor des persönlichen Büros von Le Pen, Bruno Racouchot, mein Verleger und ich. Ein dunkelhäutiger Diener serviert. Er heißt Joseph und wirkt schon seit Jahren als der gute Geist des Hauses. Als Hauptgericht gibt es in brauner Butter gebratene Seezungen, dazu einen leichten, fruchtigen Weißwein. Der Rotwein kommt später.

Gutes Essen gehört eben in Frankreich auch zur Politik.

Die Atmosphäre ist trotz der Wahlkampfvorbereitungen entspannt. Le Pen und ich tauschen Erinnerungen über die Bretagne aus, er, der Sohn eines durch eine Mine getöteten Vaters und mit Verbindungen zur Résistance, ich, der Besatzungssoldat mit dem Totenkopf auf der Mütze. Mit der Sturmbrigade RFSS (Reichsführer SS) lag ich im Dörfchen Trevé, in der Nähe der Stadt Loudéac, im Zentrum der Bretagne. Le Pen, damals heranwachsender Jüngling, erzählt, daß die Bevölkerung anfangs sehr mißtrauisch den deutschen Besatzungssoldaten gegenübergestanden habe. Die Greuelberichte aus dem Ersten Weltkrieg, nach denen die deutschen Soldaten belgischen und französischen Kindern die Hände abgehackt und Nonnen massenweise geschändet haben sollten, hätten immer noch in einigen Köpfen herumgespuckt. Aber es seien dann Soldaten gekommen, blutjung die meisten, die sich korrekt verhalten und die französische Lebensart teilweise sogar bewundert hätten. Später habe man dann nachsichtig über den preußischen Drill, die „Jawoll-Manieren" und ihre Eß-Sitten gelächelt. Kollaboration habe es kaum gegeben, offenen Widerstand, zumindest am Anfang, jedoch auch nicht.

Eine „alte" Bekannte aus der Heimat

Bretone durch und durch

Mit Tochter Yann in Trinité-sur-Mer

Er, Le Pen, wollte sich damit nicht abfinden: „Ich wollte meinen toten Vater rächen. So besorgte ich mir eine Achtunddreißiger-Pistole und beschloß, einen ‚Boche' zu töten. Ich schlich mich in die Nähe eines beleibten, etwa 40- bis 45jährigen Soldaten, der mit einer Klingel durch das Dorf lief, die Bewohner vorsorglich auf eine Sprengung aufmerksam machte und ihnen befahl, die Straßen bis nach der Sprengung zu meiden. Inzwischen war ich auf etwa 5 Meter an den ‚Klingelmann' herangekommen, die Pistole in der Tasche, den Finger am Abzug. Plötzlich kamen mir Bedenken. Der Mann geht ahnungslos vor dir her, willst du ihn denn in den Rücken schießen? Man schießt doch keinen in den Rücken, auch nicht einen Feind. Das ist nicht ehrenvoll. Ja, wenn er sich umgedreht, mir die Brust gezeigt hätte? Aber das tat er nicht. Und so ließ ich ihn laufen."

Le Pen machte eine kleine Pause, schaute nachdenklich in die Runde, sprach mich an: „Gottseidank, Franz, sage ich heute, mir wäre kein gutes Gewissen nach einem solchen Attentat geblieben, abgesehen davon, daß ich es wohl auch nicht überlebt hätte."

Merkwürdig, dachte ich, da sitze ich hier mit einem Freund, dem wie mir der Wahnsinn der damaligen Zeit ein „Freund/Feind-Verhältnis" verordnet hatte. Man muß es immer wieder sagen: Es kann keine größeren Kriegsgegner geben als Front-Soldaten. Auf beiden Seiten. Sie wissen, was Krieg bedeutet.

Le Pen erzählt eine weitere Episode aus der damaligen Zeit: „Wir bemerkten, daß die deutschen Soldaten oft Hunger hatten und versuchten, ihre Verpflegung durch den Kauf von Eiern und Butter bei den Bauern aufzubessern. So kamen eines Tages zwei Soldaten in das Haus meiner Großmutter und baten sie, ihnen Omeletts zu machen. Meine Großmutter, eine gütige, stets hilfsbereite Frau, tat ihnen den Gefallen und erzählte mir von dem Vorgang. Ich war außer mir: ‚Was, den ‚Boches' hast du Essen gegeben, den Besatzern, unseren Feinden.' Meine Großmutter wies mit Würde meine Vorwürfe zurück und sagte ruhig: ‚Ich hoffe, daß sich vielleicht zur gleichen Zeit eine deutsche Bäuerin gefunden hat, die zwei französischen Kriegsgefangenen geholfen hat, ihren Hunger zu lindern. Du denkst nicht christlich, Jean-Marie!' Ich gab mich geschlagen, wenn auch widerstrebend."

Die Essenszeit vergeht wie im Flug. Nach fast drei Stunden bringt man uns in die Zentrale zurück. Am Steuer sitzt der junge Kabinettschef: Groß, schlank, sportlich durchtrainiert. Leutnant der Fallschirmjäger im Libanon war er gewesen. Er paßt zu dem Ex-Fallschirmjäger Le Pen. Der Kabinettschef erweist sich als Bewunderer der deutschen Philosophie. Besonders schätzt er die Werke Heideggers. Gleich seinem Freund Brissaud ist er ein Verehrer des Staufer-Kaisers Friedrich II. Mein Verleger verspricht, ihm einen in seinem Verlag herausgebrachten Bildband über den Staufer zu schicken.

Im Parteibüro sprechen mich einige junge Mitarbeiter an. Ob es mir was ausmache, mich mit ihnen vor der im Hof aufgestellten Statue Jeanne d'Arc's zu Erinnerungsphotos zu stellen? Gerührt willige ich ein.

Müde von den vielen Diskussionen kehren wir am Abend in unser gemütliches Hotel zurück. Wir genehmigen uns ein paar Gläser erlesenen Burgunders, ziehen ein Resümee und trinken auf das Wohl des Front National.

Am nächsten Tag machen wir vor der Abfahrt zum Flughafen noch einen Spaziergang. Nur einen Steinwurf vom Hotel entfernt stoßen wir auf ein kleines Monument mit der Inschrift: „Hier zog das Panzerregiment von General Leclerc De Hautecloque auf seinem siegreichen Marsch vom Tschad bis Berchtesgaden vorbei…".

Ich dachte an meine jungen Kameraden von der Division Charlemagne, die am 8. Mai 1945, am Tage der deutschen Kapitulation, auf Befehl eben dieses Generals Leclerc in Bad Reichenhall völkerrechtswidrig erschossen worden waren.

Der Kreis hatte sich geschlossen. Aber das ist eine andere Geschichte, eine sehr persönliche.

Erinnerungstafel an den Vorbeizug der Truppen des Generals Leclerc de Hautecloque auf ihrem langen Feldzug nach Berchtesgaden.

Der Triumph der Sieger bedeutet den Tod der Besiegten. Am letzten Tag des Krieges, am 8. Mai 1945, läßt General Leclerc 11 junge Soldaten der Division Charlemagne hinrichten. Der Jüngste war 17 Jahre alt.

Seine Freunde hoffen, daß er noch lange das Steuer in der Hand behält.

20. KAPITEL

Die Wahlnacht in Paris

Drei Wochen nach unserem Besuch der Parteizentrale und der Kundgebung zum 1. Mai sind wir, mein Verleger Dr. Sudholt und ich, erneut auf dem Weg nach Paris. Im Flugzeug nur ein Thema: Wieviele Prozente wird der FN machen? Die Politik ist eine Droge. Sie befällt zwar immer weniger Menschen, aber wer sie konsumiert, kommt nicht mehr davon los. Ich blättere durch alle verfügbaren Zeitungen. Die Lektüre stimmt mich nicht allzu optimistisch. Weitverbreiteter Tenor: Der FN habe seinen Zenith überschritten, die vorgezogenen Wahlen hätten ihn eiskalt erwischt, ein Beginn von Querelen an der Parteispitze sei zu registrieren. Wunschdenken? – Hoffentlich!

Auf der Taxifahrt zum Hotel die üblichen Fragen an den Fahrer. Diesmal ist es ein Kambodschaner. Ich denke, allmählich habe ich sie ja alle durch, die Völkerschaften von Algeriern, Kamerunern, Kambodschanern und Vietnamesen. Sie scheinen sich auf die lukrativen Flughafenfahrten spezialisiert zu haben. Ich hoffe, vielleicht treffe ich auch mal wieder auf einen geborenen Franzosen. Und wenn ich dann auf einen stoße, schimpft er nicht selten über die Schwarzen und Gelben, die ihm die Arbeit wegnähmen. Rassismus? Da und dort vielleicht, aber im Grunde Existenzangst. Das können die Vertreter der Gauche-Caviar, der Kaviar-Linken und die in

Les Parisiens, battus 2-0 par Liverpool, ont préservé leur avantage de 3 buts du match aller et défendront leur titre face aux Espagnols le 14 mai à Rotterdam

● Page 10

Paul Le Guen résiste à Fowler.

France-Soir

SAMEDI A AUTEUIL ● 20 PARTANTS NOS 4 PAGES SPÉCIALES

37, rue du Louvre, 75070 Paris Cedex 02 - Tél.: 01.44.82.87.00 ● ISSN 0182-5860
Petites annonces - Tél.: 01.45.62.44.00 ● Saint Marc ● N° 16 398

Vendredi 25 avril 1997 DHJA 5 F

La carte du Paris à vélo

● Page 9

LE PRÉSIDENT DU FRONT NATIONAL ALIGNERA 567 CANDIDATS

ATTENTION, LE PEN MÉCHANT !

Incapable de préciser s'il se présentera ou non mais bien décidé à maintenir ses hommes au 2e tour dans 200 circonscriptions, le leader d'extrême droite s'est encore distingué hier, menaçant de laisser ses militants « porter l'insécurité » chez les manifestants qui assiègent les réunions du FN

LE DÉTAIL

On a eu chaud : à un détail près, la conférence de presse du chef du FN, hier, aurait pu ressembler aux prestations de ses adversaires. Même cérémonial paisible, même armada médiatique cliquetante, peut-être davantage de gorilles musclés mais très smart, façon quinze de Brive reçu à la salle des fêtes pour un vin d'honneur, bref presque la routine courtoise qui sied à la rentrée politique d'un leader de parti en période électorale.

Le détail qui a tout changé, c'est quand Jean-Marie Le Pen a annoncé son intention de lâcher ses militants, à l'avenir, contre

par Bernard MORROT

ceux qui oseraient venir troubler ses paisibles réunions, comme à Boulogne-Billancourt ou à Strasbourg.

Ouf, on l'avait échappé belle : sans cette discrète allusion à ce qui sous-tend la pensée profonde des militants lepénistes, on aurait eu l'impression d'assister, outrances en plus, à un compte rendu de comité directeur du CDS.

Mais non, malgré les appa-

ALERTE A LA RADIOACTIVITÉ

La lèpre nucléaire venue de Tchernobyl pollue encore la France

Dans le massif du Mercantour, la contamination des sols est jusqu'à 10 000 fois supérieure à la normale

● Page 7

PHILIPPE

Spitzenreiter in der Diabolisierungskampagne gegen den Front National war das Boulevard-Blatt „France-Soir". Es gehört zur Zeitungsgruppe des verstorbenen Presse-Zaren Hersant, der in seiner Jugend ein Kollaborateur war, in Straßburg Abgeordneter der Gaullisten, sich aber so gut wie nie im Parlament sehen ließ. Die Verteufelungskampagne erinnert an gleiche Aktionen gegen deutsche Patrioten, die als wahre Horror-Figuren dargestellt wurden. Auf den Titelseiten unmittelbar vor der Wahl wurde Le Pen als böse, verantwortungslos und als demagogischer Teufel ins Bild gesetzt. Seine Anhänger sollten wie moderne Draculas auf die Leser wirken. Aber auch die journalistischen Totschlagemittel konnten das gute Abschneiden des FN nicht verhindern.

VENDREDI 2 MAI 1997

LE DOSSIER DU JOUR

FRANCE-SOIR - DH - A★ 3

LE PEN NE SERA PAS DÉPUTÉ

Manquait pas une cornemuse

Explication du chef à la tribune : Jeanne d'Arc a été soutenue par des soldats écossais. Applaudissements

Le cirque lepéniste place de l'Opéra : des fresques d'un classicisme très mussolinien chantent les louanges des quatre villes aux mains du FN : Orange, Toulon, Marignane, Vitrolles. Photo FRANCE-SOIR

Des tournesols jetés du pont du Carrousel

« Pas de messe pour Pétain ! »

Des militants du Betar, mouvement israélien, sont venus perturber l'office célébré en mémoire du maréchal

LA MENACE DE MORT DU GORILLE DE LE PEN

Alors que son chef polémiquait avec des journalistes au sujet de certains de ses propos antisémites, l'un des gardes du corps du leader du FN a menacé d'égorgement un représentant de Radio J. Qui a porté plainte. Récit d'un face-à-face édifiant

FRÉDÉRIC HAZIZA, le journaliste de Radio J, mime le geste éloquent – le « sourire kabyle », synonyme d'égorgement – que l'un des gorilles de Le Pen a fait par deux fois à son intention sans que le chef du FN (à gauche) ne réagisse.

DE L'IGNOMINIE POLITIQUE

par Bernard MORROT

Non, le Front national n'est pas un parti comme les autres. Non, Jean-Marie Le Pen ne doit pas être traité de la même façon que les leaders de droite ou de gauche.

…restent prudents

● Page 8

AVANT LES ASSISES

Papon contre le « crime » de « l'Humanité »

● Page 7

PHILIPPE BOUVARD

ÉLOGE DES INDÉCIS

S'il l'on en croit les derniers sondages parus, le parti des indécis est en train de damer le pion au parti des abstentionnistes.

SOUS PRÉTEXTE DE PARLER DE L'EUROPE

Chirac s'abrite derrière Kohl pour intervenir dans la campagne

Le chef de l'Etat a affirmé hier que la France « ne pourra défendre ses intérêts que si elle accepte de parler d'une seule voix » : une façon de mettre en garde les électeurs contre une éventuelle cohabitation

assassiné...

Réponse de l'auteur : « Je vous emmerde »
● Page 19

● Page 6

5 PAGES pour les quintés de DIMANCHE À LONGCHAMP (20 PARTANTS) LUNDI À AUTEUIL (20 PARTANTS)

France-Soir

TRIOS ● TIERCÉ, QUARTÉ+, QUINTÉ+

Samedi 17 mai 1997 DHJ 5,50 F

SNCF Le trafic toujours perturbé ● Page 9

SUICIDE DES COLLÉGIENNES

Leurs amies racontent la passion secrète d'Aurélie et Valentine pour le chanteur de Nirvana ● Page 7

LA CAMPAGNE ÉLECTORALE DANS LA LIGNE DROITE

J-8

LA CAMPAGNE ÉLECTORALE

LE PEN SE DÉGONFLE

MAINTENANT, il plaisante sur le cancer de Mitterrand...

Malgré la polémique qui oppose la droite à la gauche à son propos, la cote de popularité du leader du Front national est en baisse car ses sympathisants ont mal pris qu'il ne soit pas candidat aux législatives. Quant à son appel à voter pour la gauche, il se solde par un fiasco...

D'UN FLOP L'AUTRE

Il arrive une chose terrible à Le Pen : on ne le prend plus au sérieux. C'est tout juste si ses adversaires se servent encore de lui comme d'une balle de tennis, la droite attaquant en passing-shot sur le thème de la récupération des voix FN et la gauche répliquant d'un revers lifté à propos des troubles accointances idéologiques avec la formation d'extrême droite.

Pire : le leader frontiste se fait subtiliser des pans entiers de son argumentaire favori (immigration, ... Maastricht,

par Bernard MORROT

Nos reporters ont joué les militants en campagne

● Le PS attaque sur les « affaires » de la mairie de Paris

● Internet se moque de

PROCÈS OM Tapie, un accusé

BLUFF ET DÉROBADE

Depuis hier, Jean-Marie Le Pen est dans la situation ridicule d'un boxeur poids moyen refusant d'affronter un adversaire de sa catégorie sous prétexte qu'il se réserve pour un match contre le champion du monde poids lourds.

Un match qui, d'ailleurs, a toutes les chances de ne pas avoir lieu car le champion du monde en question n'a, pour l'instant, jamais manifesté la moindre intention de remettre son titre en jeu avant l'heure.

Il faut vraiment avoir la fidélité chevillée au corps pour prendre au sérieux le bluff du chef frontiste qui affirme ne pas vouloir se présenter aux législatives afin de mieux se préparer à une élection présidentielle anticipée.

par Bernard MORROT

Une présidentielle dont l'éventualité est soumise à tellement de conditions (échec de la majorité, refus de Jacques Chirac de cohabiter avec la gauche, entre autres et non des moindres) qu'elle en devient carrément improbable.

Si Le Pen a choisi de déclarer piteusement forfait, c'est tout bonnement parce qu'il a une frousse bleue de perdre la face en se faisant battre par un membre de cette « bande des 4 » qu'il vomit à longueur de diatribe.

Et ce, alors que Bruno Mégret est à peu près le seul candidat du FN à pouvoir espérer décrocher un siège, ce qui ne manquerait pas de donner à ce dauphin apparemment docile une faim de piranha dont son big boss risque de faire les frais.

Le leader d'extrême droite en est donc réduit à durcir encore un peu plus son discours et à cibler davantage ses attaques contre le chef de l'Etat qu'il s'efforce désespérément de présenter comme le seul adversaire digne de lui.

Tout le reste – « A bas Maastricht », la « Ripoublique », la « disparition de la France », etc. – n'est que l'habillage habituel d'une harangue lépéniste ordinaire avec, pour une fois, un couplet supplémentaire à l'usage des exclus, des chômeurs et des « humbles et lancinants problèmes de ceux qui travaillent ».

Mais, derrière ce déferlement démagogique, on devinait hier l'angoisse d'un chef de clan qui se demandait si ses gesticulations outrancières réussiront à faire oublier à ses troupes sa dérobade caractérisée.

VU dans le cortège des manifestants du Front national qui se rendait à l'Opéra pour écouter Le Pen.

Pour tenter de faire oublier qu'il renonçait à se présenter aux législatives, le leader frontiste a encore durci hier ses attaques contre Chirac devant ses partisans montés à Paris pour fêter Jeanne d'Arc

Heurts entre nostalgiques de Pétain et jeunes juifs devant une église parisienne
● Pages 2 et 3, notre dossier

sang de Séguin

● Seulement cinq accords de désistement PS-PC contre le FN
● Pages 4 et 5

PHILIPPE BOUVARD

LA FUSION SANS CHAUDIÈRE

Les historiens du XXe siècle noteront sans doute plus tard que c'est à l'époque où la sidérurgie connut ses difficultés majeures que les industries suscitèrent le plus de fusions.

Qu'il s'agisse de fusions-acquisitions, de fusions-absorptions, de fusions douces ou de fusions sauvages, l'opération, justifiée à la fois par des synergies et par des différences, débouche dans tous les cas sur des auto-satisfecit et des communiqués de victoire avant de laisser place aux attaques personnelles et aux diminutions d'effectifs.

La fusion est jugée d'autant plus intéressante qu'elle se produit entre firmes qui ne sont pas du même métal : banques et assurances, distribution d'eau et distribution de crédits, grande distribution et médias. La fusion sans chaudière s'opère très souvent sans liquide, les gros actionnaires échangeant joyeusement leurs titres tandis que les petits évaluent tristement leur manque à gagner.

Enfin, dans ce genre de fusions, la température importe peu puisque l'on sait que l'un des deux dirigeants sortira de toute façon carbonisé.

Manif des syndicats

Du social et de l'anti-FN
● Page 6, nos informations

LES manifestants n'ont guère apprécié « l'hommage » de la délégation envoyée par le PS.

M 0187 - 502 - 5,00 F

Fazit: Im Kampf gegen die zu „Faschisten" gemachten Patrioten sind Tiefschläge nicht nur erlaubt, sondern sogar „antifaschistische" Pflicht.

den vornehmen Villenvierteln residierenden Angehörigen der Großbourgeosie nicht verstehen. Wie denn auch? Sie leben in einer anderen Welt. Und es läßt sich leichter über Probleme parlieren, je weiter entfernt man von ihnen wohnt.

Der Kambodschaner ist ein lustiger Geselle. Bei allen Antworten grinst er vergnüglich. – „Le Pen – wieviel Prozent?“ – „3 Prozent!“ Und grinst dabei. Ich schmunzle auch und sage provozierend: „Sie meinen wohl 30 Prozent?“ Er nickt ungerührt. Und grinst weiter. Er sagt: „Dieu le sait“ – Gott weiß es. Und hierin sind wir uns einig. Ob er wählen gehe, das Wetter sei doch so schön? Und wenn, dann würde er ja wohl kaum Le Pen wählen? Er schaut mich mit seinen unergründlichen Augen an und sagt wieder: „Dieu le sait“ – Gott weiß es. Das Spiel macht uns Spaß. Aber weil er höflich sein und mir nicht das Gefühl vermitteln möchte, er nähme mich nicht ernst, fügt er hinzu: „Heute abend ist Familienrat und da wird beschlossen, was wir wählen.“ Ich nicke anerkennend: Ja, diese asiatischen Familien. Wer spricht da von „Traue keinem über Dreißig“ – da herrscht noch familiäre Autorität. Die Fahrt entspannt mich, mein wahlkampfgeübtes Auge aber übersieht nicht, daß kaum Wahlplakate zu entdecken sind. In mir festigt sich die Meinung, daß die Plakatschwemme rückläufig ist. Der politische Nutzen der Plakate ist gering. Die Wahlen werden an den Mikrofonen und Bildschirmen entschieden. Und damit bin ich in Gedanken wieder beim FN. Der mediale Terror gegen diese Partei erinnert mich an die Kriminalisierung meiner damaligen Partei, der Republikaner und meiner Person. Spitzenreiter in der Verleumdungskampagne gegen den FN ist der „France-Soir“. Die vom Untergang bedrohte Boulevardzeitung scheint die Rettung in der ständigen Schmähung von Le Pen zu sehen.

Am Abend stoßen zwei junge FN-Sympathisanten zu uns. Der mit der rechten Szene bestens vertraute angehende Jurist S. Rabe, – er soll Photos für das Buch machen – und Patrick Sympatico. Er ist FN-Mitglied in Mühlhausen. Sein Vater ist Franzose, seine Mutter Deutsche. Er macht seinem Namen alle Ehre. Wir diskutieren bis in die späte Nacht hinein.

Sonntag, der 25. Mai: Wahltag, gleichzeitig Tag zu Ehren der Mütter. Die Restaurants sind überfüllt, überall stehen Blumen. Auf Taxis muß man oft eine gute Stunde warten. Wir fahren nach Malmaison, Napoleons Sommerresidenz. Geschichtsträchtiger Boden. Vor dem Portal auf dem breiten Vorplatz hat Napoleon nach seiner Niederlage bei Waterloo die kaiserliche Garde, die „Garde Impériale“ verabschiedet, die Treuesten der Treuen. Den in vielen Schlachten erprobten und hart gewordenen Soldaten standen Tränen in den Augen, als Napoleon zum Abschied so manchen ihm bekannten Weggefährten ins Ohrläppchen zwickte, das Zeichen seiner Zuneigung. Ich vergleiche die in warmem Holz gehaltenen Zimmer Malmaisons mit ihrer nahezu familiären Atmosphäre mit der kalten steinernen Pracht von Versailles. Und ziehe auch hier Napoleon einem „Roi Soleil“, dem Sonnenkönig Ludwig XIV. vor. Ergriffen stehe ich in der Bibliothek, wo Napoleon mit seinem Erzkanzler Cambacérès die Einführung des Ordens der „Légion d'Honneur“ beschloß. Ich freue mich, daß eine nicht unerhebliche Zahl von Mitgliedern des FN die Auszeichnung der „Légion d'Honneur“ tragen. Aber bevor wir wieder in die Politik eintauchten, schlenderten wir noch durch den eher an einen aufgelockerten englischen Garten, statt an die starre, geometrische Gartenlandschaft von Versailles erinnernden Park, bewunderten die berühmten Rosen von Malmaison und sogen ihren betörenden Duft ein. Wäre der Kaiser doch bei der Züchterin und Liebhaberin von Rosen, der Kreolin Josephine geblieben, statt aus dynastischen Gründen die muffige, uncharmante und treulose Habsburgerin Marie Louise zu heiraten! Und ich denke darüber nach, daß bei rechten Parteien häufiger an geschichtliche Großtaten gedacht wird als bei linken, die den Geschichtsunterricht gerne von der Gesellschafts- und Sozialkunde verdrängt sähen, das heißt, sich

Die Spannung steigt, erwartungsvoll verfolgen Le Pen, Gollnisch und der Autor die Vorberichte.

weniger mit den Fakten zu beschäftigen, sondern mit ihrer Interpretation aus heutiger Sicht.

Allmählich ist es Zeit, an die Wahlparty zu denken. Um fünf Uhr kreuzen wir im Hauptquartier des FN auf und betreten das uns schon vertraute, von höflichen und gut angezogenen jungen Ordnern bewachte Gebäude. Es wirkt noch ziemlich leer. Kein Wunder, wir hatten übersehen, daß in den französischen Großstädten im Gegensatz zum Land und den kleineren Städten die Wahllokale erst um 20 Uhr schließen.

Wir lassen uns zum Büro meines Freundes Bruno Gollnisch führen: Herzliche Begrüßung. Doch seine Miene ist sorgenvoll. Die geringe Wahlbeteiligung macht ihm zu schaffen, er meint, sie könnte sich negativ für den Front auswirken. Er ruft Jean-Marie Le Pen an: „Jean-Marie, Franz est ici!“, Franz ist hier. Und obwohl ich auf die vielen Verpflichtungen Le Pens hinweise und sage, wir könnten uns ja auch später sehen, läßt der Präsident es sich nicht nehmen, uns zu begrüßen. Ich spüre seine innere Anspannung. Er weist auf die hämische Pressekampagne hin, ist verbittert über die falschen Auslegungen seiner Worte und die ihm verweigerte Medienpräsenz. Er murmelt etwas von 15 Prozent für den FN. Obwohl zum Bleiben gebeten, wollen wir nicht weiter stören und entschließen uns, am Ufer der nahen Seine noch ein bißchen Luft zu schnappen.

Ich bin so nervös, als ging es um meinen eigenen Wahlkampf. Unsere hochgespannten Erwartungen schrumpfen. Die etwas gedämpfte Atmosphäre in der Zentrale gibt uns zu denken. Und ich denke auch an dieses Buch: Was wäre der Untertitel „Der Front National – Modell für Deutschland“ noch wert, wenn die Lepenisten bei 12 Prozent hängen blieben und somit ein schlechteres Ergebnis als bei der letzten Wahl erzielten? Schadenfreude und Spott würde uns erwarten.

Gegen halb acht trudeln wir wieder ein. Überall ein großes Aufgebot von Funk- und Fernseh-Übertragungswagen. Im Innenhof ste-

Die ersten Ergebnisse flimmern über den Bildschirm

hen eifrig diskutierende Gruppen zusammen. Die Spannung ist fast körperlich spürbar. Endlich ist es 20 Uhr: die Prognose! Der Front National 15,2 bei dem einen, 14,9% bei dem anderen Sender. Verhaltener Beifall: Mir aber fällt ein Stein vom Herzen. „Warten Sie ab, wir steigen noch", sagt ein neben mir stehender Pfarrer und Funktionär des FN voller Gottvertrauen.

In TV1 läuft die erste Fernsehrunde mit Spitzenpolitikern. Bruno Mégret ist dabei und überzeugt von Anfang an durch seine kühle und sachliche Art der Argumentation. Die Teilnehmer der Wahlparty nicken wohlwollend, klatschen bei dem einen oder anderen Satz, schadenfrohes Gelächter oder gar Pfiffe sind bei den Erklärungsversuchen des RPR-Vertreters zu hören. Er hat es nicht leicht. Die Niederlage zeichnet sich ab. Chirac erhält die Quittung, die er verdient hat. Später in den anderen Kanälen kommen für den FN die äußerst telegene Marie-France Stirbois und Bruno Gollnisch, die in ihren Wahlbezirken hervorragende Ergebnisse vorweisen können, zu Wort. Sie schlagen sich ausgezeichnet. Beide sind redegewandt und aggressiv, lassen sich die Butter nicht vom Brot nehmen, auch nicht von parteiischen Moderatoren.

Le Pens jüngste Tochter Marine taucht auf, wird umringt, es regnet Glückwünsche. Ein gutes Hochzeitsgeschenk für Marine, die am 14. Juni heiratet. Die letzte der Le Pen-Töchter ist damit unter der Haube. Aber es ist der Helm streitbarer Amazonen.

Im Saal ist ein Podium aufgebaut mit einem Stehpult. Hier soll der Parteiführer live Rede und Antwort stehen. Vor ihm kauern Dutzende von Journalisten. Le Pen kommt, der Aufnahmeleiter sagt, er möge sich noch einige Minuten gedulden. Le Pen wartet, dann wird es ihm zu dumm. Er ruft den Journalisten sarkastisch zu, ob denn der Kommunist Hue wieder, wie üblich so lange reden dürfe und er deshalb warten müsse? Endlich ist er auf Sendung, äußerst ruhig und gelassen seine

Le Pen kommt

Seine Kommentierung der Wahl vor der internationalen Presse in der FN-Zentrale

Der Autor beglückwünscht Jany, die strahlende Frau Le Pens

Das englische und französische Fernsehen interviewen ausländische Gäste

Der Mann im Hintergrund, der Kabinettschef und dritte „Spitzen-Bruno" Racouchot

Meinung zur Wahl. An die Adresse von Chirac gerichtet, sagt er: „Er hat sich persönlich in die Schlacht geworfen. Er ist geschlagen, er soll gehen." Riesiger Beifall von seinen Anhängern, vereinzelt Rufe „Bravo Président!" Ein Journalist will ihn provozieren, stellt die Frage, ob er denn jetzt eine Wahlempfehlung für den zweiten Durchgang geben wolle. Le Pen kalt: „Nein!" Und als der Journalist Anstalten macht nachzusetzen, wiederholt er bestimmt: „Genug, ich sage nichts und dabei bleibt es!" Gelächter im Publikum. Obwohl selbst Journalist, kann ich aufgrund eigener politischer Erfahrungen mit den Medien Le Pen durchaus verstehen. Irgendwann einmal hat man genug von den Provokationen und Wortverdrehungen.

Plötzlich ist Jany da, die Gattin Le Pens, gekleidet in einen engen schwarzen Hosenanzug, schlank und attraktiv wie eh und je. Sie kommt strahlend auf mich zu, Umarmung. Ich beglückwünsche sie. Sie fragt nach meiner Frau, ich sage, sie wird bei der Hochzeit von Le Pens Tochter Marine in Paris sein. Wir gehen auf den Hof und Madame Le Pen wird ernst: „Vor einigen Tagen war ich wieder im Irak, brachte mit meinen Mitarbeitern Hilfsgüter nach Bagdad. Franz – Sie glauben nicht, wie die Menschen dort leiden. Sie sterben wie die Fliegen. Die Kinder verhungern." In ihren

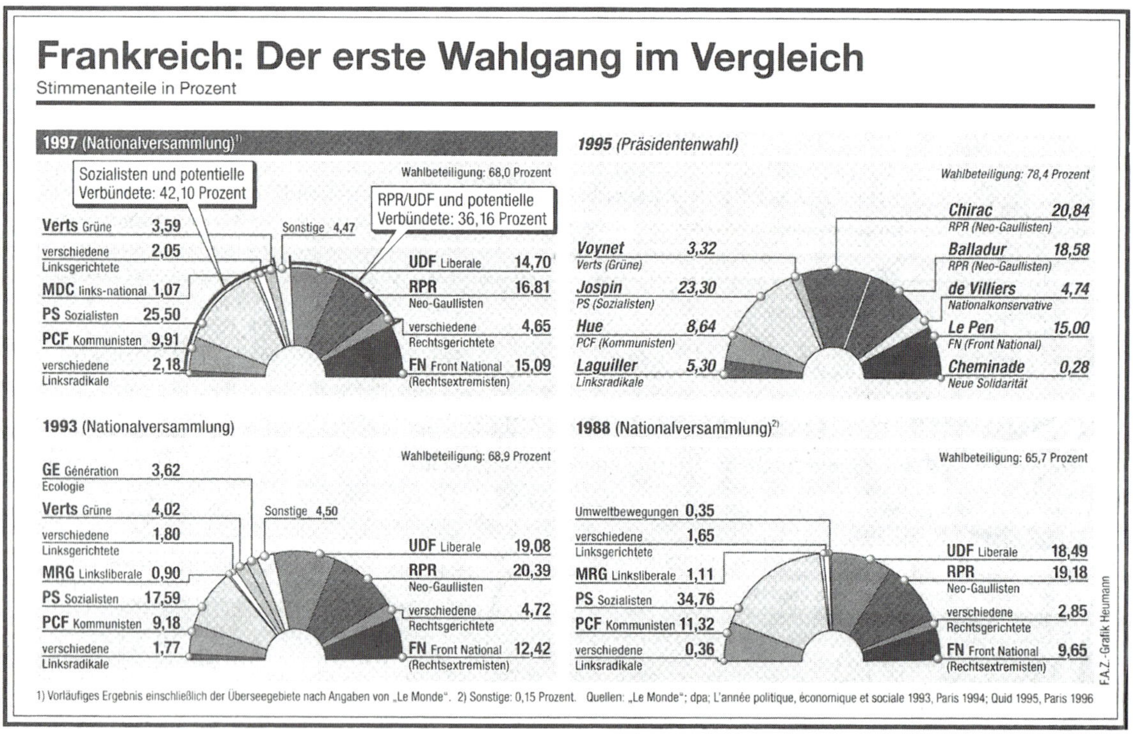

Augen stehen Tränen. Ich spüre, das ist nicht die Luxusfrau, wie einige persönliche Gegner Le Pens immer wieder unter die Leute bringen, nein, das ist ein sensibler, hilfsbereiter Mensch.

Die ersten Ergebnisse aus den Wahlbezirken flimmern über den Bildschirm. In Südfrankreich, vor allem an der Mittelmeerküste und im Elsaß schneidet der Front hervorragend ab. Persönliche Freude für Le Pen: In ihrem Wahlkreis in Mante-La-Jolie (Ivelines) hat sich seine älteste Tochter Marie-Caroline vor den Vertretern der RPR und PS an die Spitze gesetzt. Der Durchbruch des FN erweist sich auch daran, daß bei 577 Wahlkreisen 134 Kandidaten die 12,5-Prozent-Barriere übersprungen haben und in den zweiten Wahlgang gehen können, der entscheidet, wer in die Nationalversammlung einziehen kann. Das damit verbundene Mehrheitswahlrecht ist eindeutig gegen den FN gerichtet.

Am Montagmorgen bittet uns Le Pen noch zu einem kleinen Umtrunk in seine Privatvilla, wo im politischen Kabinettzimmer anschließend das Exekutiv-Büro, der Führungszirkel zusammenkommen wird. Um 10.30 Uhr stehen wir an dem großen schmiedeeisernen Tor. Joseph öffnet uns. Wir fragen: „Wo sind denn die Hunde?“ – „Die sind faul, liegen im Schatten“, antwortet Joseph lächelnd. Schöne Wachhunde, denke ich.

Wir sind die ersten, machen es uns in den Gartenstühlen bequem. Alle Front-Funktionäre sind noch bei den verschiedenen Radio- und Fernsehstationen unterwegs. Aus der Hecke heraus trotten gemächlich die beiden Dobermänner heran: Gaulois und Gitane. Sie wittern in Dr. Sudholt sofort den Tierfreund. Gaulois will gestreichelt werden, legt seine Schnauze auf das Knie des Verlegers. Ich betrachte sein Gebiß, beachtlich. Von dem Hund möchte ich nicht gebissen werden. Nach einiger Zeit wird Madame Gitane eifersüchtig auf Monsieur Gaulois. Sie will auch gestreichelt werden. Ein Bild für Götter: Die „Gestapohunde“ als Schmusetiere. Das sollten die linken Journalisten sehen, die stets einen deutschen Schäferhund mit Hitler und einen Dobermann mit der Gestapo in Verbindung bringen.

Das sind sie die „bösen Gestapo“-Hunde, die Dobermänner Gaullois und Gitane. Sie scheinen aus der Art geschlagen zu sein.

Allmählich treffen die Führungskräfte ein, zunächst die Vize-Präsidentin Martine Lehideux. Sie erzählt, wie schwer der Wahlkampf in der Hauptstadt war und daß es immer wieder zu Ausschreitungen kam. In der Tat: Paris ist für den Front National nicht nur ein heißes Pflaster, sondern auch ein schwieriges politisches Terrain. Wie Teile der Seealpen, die Atlantikküste mit der Bretagne und der Normandie zählt auch Paris zu den Schwachstellen bei den Wahlen. Fast gleichzeitig kommen die drei weiteren Vize-Präsidenten: Dominique Chaboche, Roger Holeindre und Carl Lang. Der junge Lang, nach dem Aussehen der „Flame“ unter den Franzosen, hat in seinem schwierigen Wahlkreis in Nord-Frankreich einen großen Erfolg errungen, kommt in die zweite Runde. Gemeinsam tauchen die beiden „Brunos“ auf: Mégret und Gollnisch. Mégret, wie immer freundlich und ohne erkennbare Spuren von den Wahlkampfanstrengungen, berichtet von den Angriffen einer aufgeputschten Meute bei einer Veranstaltung in Vitrolles auf ihn und seine Frau. Mit 34,5% hat er hervorragend abgeschnitten und liegt an der Spitze der FN-Kandidaten, gefolgt vom Bürgermeister Le Chevallier von Toulon mit 32,4%. Auch Marie-France Stirbois liegt in Dreux mit 31,4% wieder an der Spitze. Gollnisch brachte es in Lyon auf 28,65%.

Wir unterhalten uns angeregt über die Gesamtlage der europäischen Rechten und den aus historischen und ethnischen Gründen herrührenden Schwierigkeiten einer Zusammenarbeit. Meine französischen Freunde wissen, daß ich viel in Osteuropa unterwegs war und durch Kenntnisse der russischen Sprache erleichterte Kontakte mit dortigen Politikern hatte. Ich warne vor der Sprunghaftigkeit des Russen Schirinowski. Sie pflichten mir bei, merken aber an, daß sie zu wenig von den Tätigkeiten dieses Exzentrikers wüßten. Mein Vorschlag, lose bestehende Verbindungen zu rechten Gruppierungen in anderen Ländern vorsichtig über die bereits bestehenden zum Vlaams Block hinaus zu erweitern, vor allem aber auf eine deutsch-französische Zusammenarbeit zu setzen, trifft auf Zustimmung.

Endlich kommt Le Pen. Erstaunlich seine physische Kondition. Er dürfte nur wenige Stunden geschlafen haben. Von Müdigkeit keine Spur. Er zieht das Resümee: Die gestrige Wahl sei von historischer Bedeutung. Der Mitkonkurrent, der „halbrechte" De Villiers mit seiner MPF (Mouvement pour la France-Bewegung für Frankreich), sei unter 3% gerutscht, der erwartete Anstieg der Kommunisten ausgeblieben. Chirac habe seinen Kredit verspielt, Frankreich stünde am Scheideweg, dem Front National gehöre die Zukunft.

Er fragt kurz nach der Situation der deutschen Rechten. Ich antworte zurückhaltend und eher ausweichend. Wir sollten die Schwierigkeiten unter uns bereinigen. Wie soll ich auch die Erfolglosigkeit der deutschen Rechten erklären? Etwa durch Schuldzuweisungen an bestimmte Personen? Das macht man nicht.

Um 17 Uhr sind wir wieder am Flugplatz Charles de Gaulle. Wir starten in Paris bei strahlendem Sonnenschein und landen im wolkenverhangenen München. Ein meteorologischer Vergleich zwischen dem FN und den deutschen Rechtsparteien drängt sich auf.

Teile der Führungsspitze bei Jean-Marie Le Pen. Hier kann man ungestört reden und Pläne schmieden.

LA VIE POLITIQUE MARDI 27 MAI 1997

Il gagne près de trois points par rapport à 1993

La progression continue du Front national

Le parti de Jean-Marie Le Pen a confirmé son aptitude à renforcer son implantation quelles que soient les circonstances.

Il y a beaucoup de satisfaction et une dose d'amertume dans l'appréciation que les dirigeants du Front national portent sur le résultat du premier tour. Leur formation a accusé une nouvelle progression : avec 15,09 % des suffrages, elle gagne 2,7 points par rapport aux législatives précédentes (12,42 %) qui l'avaient vu déjà vu dépasser de 2,4 points son score de 1988. Elle se hisse au niveau de Jean-Marie Le Pen à la présidentielle, scrutin qui est particulièrement favorable au FN. Le Front national confirme ainsi son aptitude à renforcer son implantation quelles que soient les circonstances extérieures (retour du balancier au profit de la gauche ou de la droite parlementaire). Sa progression continue, envers et contre tous : les efforts de ses adversaires pour détourner de lui l'opinion – comme voici deux mois à Strasbourg – n'y changent rien.

Jean-Marie Le Pen entouré de Bruno Gollnisch *(à gauche)* et de Bruno Mégret : le FN s'installe comme la troisième force de plus en plus incontournable de la vie politique française. (Photo Coex/AFP.)

Malgré la bipolarisation que favorise le scrutin majoritaire – et qui fut meurtrier pour les petits partis au commencement de la Ve République – le FN s'est donc installé comme la troisième force de plus en plus incontournable de la vie politique française. C'est sans doute une savoureuse revanche pour le vieil adversaire de la Ve République qu'est Jean-Marie Le Pen. Mais la revanche comporte aussi des fruits amers : elle vient tard, et si lentement, au gré du président du FN. Son mouvement bénéficie d'une position d'arbitrage plus forte que jamais. Mais il ne peut pas espérer participer à la vie parlementaire autrement que par une représentation symbolique, dont il n'était même pas certain, à l'issue du premier tour.

Le FN est en mesure de maintenir ses candidats au second tour dans 134 circonscriptions (au lieu de 101 en 1993). Il sera présent dans 77 triangulaires, 56 duels et une quadrangulaire (14e circonscription du Pas-de-Calais).

Dans la plupart des duels, le sort des candidats du FN paraît d'ores et déjà scellé, surtout quand il affronte un candidat de la majorité, celui-ci pouvant compter sur le renfort d'une bonne partie des voix de gauche. Dans le cas de duels FN-gauche, l'issue sera moins systématique. Si la gauche n'est pas majoritaire dans la circonscription, l'élection du candidat FN n'est pas impossible. C'est sur ce calcul que fondent leurs espoirs Bruno Mégret à Marignane-Vitrolles et Jean-Marie Le Chevallier à Toulon. Mais Damien Bariller (Bouches-du Rhône, 10e), Richard Morati (Rhône,14e), Jean-Claude Lunardelli (Var, 2e)), Jean-Louis Pelletier (Hérault,3e), Guy Alexandre (Moselle 10e), Dominique Vidal (Alpes-Maritimes,9e), Yvon Claire (Bouches-du-Rhône, 8e) ne sont pas totalement dépourvus de chances eux non plus.

Dans certaines triangulaires, l'issue paraît incertaine : c'est le cas pour Marie-France Stirbois arrivée en tête à Dreux (Eure-et-Loir) et Bruno Gollnisch, secrétaire général du FN, (Rhône, 13e). Il reste que le maintien des candidats du FN dans des triangulaires aura surtout pour effet, dans de très nombreuses circonscriptions, de favoriser l'élection du candidat de gauche. Et, peut-être, suprême espoir du FN, de lui procurer une position charnière, si étroite soit-elle.

Olivier POGNON

Les candidats du FN au second tour

Dans 134 circonscriptions, ils seront présents dans des duels, des triangulaires et 26,78 % (21,04 %) ; (7e) : Jean-Claude Pons 26,61 % (21,40 %) **Vaucluse** (3e) : Guy Macary **● TRIANGULAIRES FN CONTRE PS ET UDF-RPR** **Aisne** (5e) : Colette Fecci Pina-**France Stirbois** 31,41 % (36,85) ; (3e) : Philippe Loiseau 19,85 % (15,61 %) (PRS) Carl Lang 22,22 % (21,74 %) ; (10e) : Christian Baeckeroot 25,15 % (27 %).

Aus: Le Figaro, 27. Mai 1997

Resümee

Am Tage nach der Wahl vom 1. Juni 1997: Die Sozialisten, Kommunisten und Grünen triumphieren, die Gaullisten und Liberalen lecken ihre Wunden. Der Front National hat sich endgültig als drittstärkste politische Kraft Frankreichs durchgesetzt. Er kam im ersten Wahlgang auf 3 785 383 Wählerstimmen. Nur mit Mühe konnten die Gaullisten mit 3 977 964 Wählerstimmen den zweiten Platz halten. Der Koalitionspartner der Gaullisten, die Liberalen (UDF) fielen mit 3 600 279 auf den vierten Platz zurück. Die Kommunisten kamen auf 2 519 281.

Im zweiten Wahlgang kam es in 56 Wahlkreisen zu unmittelbaren Duellen von FN-Bewerbern gegen 31 der früheren Regierungs-

La tribune de la reconstruction.

Le déclin électoral de la droite modérée

En quatre ans, l'ancienne majorité a perdu 2 millions d'électeurs. Comment RPR et UDF en sont arrivés là ?

La droite modérée sous la Ve République
(législatives 1er tour, % suffrages exprimés, France métropolitaine)

	1958	1962	1967	1968	1973	1978	1981	1986	1988	1993	1997
Droite non gaulliste / UDF	33,3	23	23,7	20,8	28,9	19,6	20,4	41,8	18,8	20	14,9
Gaullistes / RPR	20,5	32,4	32,1	38	24,8	22,8	21,2		19,2	19,9	16,5
Divers droite						4,3	1,3	2,7	2,5	4,2	4,4
Total	**53,8**	**55,4**	**55,8**	**58,8**	**53,7**	**46,7**	**42,9**	**44,5**	**40,5**	**44,1**	**35,8**

Der Wahlniedergang der gemäßigten Rechten

Aus: Le Figaro 11. Juni 1997

koalition, 13 gegen kommunistische Kandidaten und 12 gegen Sozialisten.

In 76 sogenannten „Triangulaires", dem zweiten Wahlgang mit drei Bewerbern war der FN dabei; einmal auch bei einer „Quadrangulaire", einer Wahl mit vier Kandidaten.

Der engste Freund Le Pens, der Bürgermeister von Toulon, Jean-Marie Le Chevallier, sitzt in der Nationalversammlung. 52% der Wähler gaben ihm in seinem Wahlkreis in Toulon ihr Vertrauen, eine hervorragende Würdigung seiner kommunalen Arbeit. Auf Le Chevallier kann sich Le Pen voll verlassen, über ihn kann er seine Vorstellungen auch in die Nationalversammlung tragen.

In Frankreich aber hat sich gezeigt, daß die auch von den Konservativen mitgetragene Wahlrechtsänderung zu ihrer Niederlage mit beigetragen hat. Wie wenig das französische Mehrheitswahlrecht der wirklichen politischen Situation Rechnung trägt, geht daraus hervor, daß die Kommunisten mit knapp 10 Prozent der Wählerstimmen 38 Sitze im Parlament haben, der Front National mit einem Stimmenanteil von 15% nur einen Sitz.

Bei der Berichterstattung in den deutschen Medien wurde kaum darauf eingegangen. Um den Erfolg des FN zu schmälern, sprach man in den deutschen Fernsehanstalten davon, daß im zweiten Wahlgang die Partei lediglich knapp 5 Prozent erhalten habe und unterschlug dabei, daß der FN nur noch 133 Bewerber ins Rennen schicken konnte. Außerdem hatte die Parteispitze für bestimmte Wahlkreise eine Empfehlung herausgegeben, andere, dem Gedankengut des FN nahestehende und besser plazierte Politiker zu wählen. Nicht erwähnt wurde hierzulande auch, daß die im Rennen gebliebenen FN-Bewerber in den Hochburgen zwischen 30 bis nahezu 50 Prozent der Stimmen erhielten, damit an zweiter Stelle lagen und nur ganz knapp geschlagen wurden.

Weiter zugenommen hat der FN vor allem in Elsaß-Lothringen, Champagne-Ardèche, Franche-Comté und dem Gebiet der Rhone-Furche.

Ernsthafte Beobachter der französischen Parteienlandschaft halten es nicht mehr für eine absurde Vorstellung, daß der FN in wenigen Jahren die stärkste Oppositionskraft auf der rechten Seite sein und eine zerfallende RPR beerben wird. Auch bei den Gaullisten mehren sich die Stimmen, daß man nicht weiter in die von den Sozialisten aufgestellte Falle tappen dürfe, wonach eine „demokratisch-legitimierte Partei" wie die RPR oder die UDF sich keinesfalls mit dem Front National einlassen könne. Die gleichen Sozialisten aber hätten es für legitim gefunden, in die neue Regierung zwei Kommunisten aufzunehmen.

Hier ist ein Vergleich mit Deutschland angebracht: Wenn ich führenden Leuten aus der Union sagte, sie ließen sich von einer Partei wie der SPD eine Rechtsabgrenzung vorschreiben, während diese selbst von Fall zu Fall mit der PDS liebäugle, zuckten sie hilflos die Schultern.

Der gegen den FN gerichtete „Staatsstreich" Chiracs ist mißglückt. Davon wird er sich nicht mehr erholen. Die politische Zukunft des Staatspräsidenten liegt hinter ihm. Wäre er ein Mann von Grundsätzen, träte er zurück. Als nämlich die Gaullisten und Liberalen die vorangegangenen Wahlen zur Nationalversammlung gewonnen hatten, forderte er den damaligen Staatspräsidenten und Sozialisten Mitterand auf, zurückzutreten. Doch der klebte genauso an seinem Sessel wie jetzt Chirac. Wie vorher in Italien und England kann dieses Wahlergebnis auch in Frankreich

Die beiden Jean-Maries. Le Chevallier, Le Pens verlängerter Arm in der Nationalversammlung

Hand in Hand in den Abgrund

das Ende jener bürgerlich-politischen Klasse einläuten, die aus Konservativen und Liberalen besteht. Ob die ähnlich strukturierten Parteien in Deutschland, CDU/CSU und F.D.P. dies als Menetekel, als Zeichen an der Wand begreifen, bleibt abzuwarten. Ich glaube, daß Kohl wie Chirac in nicht allzulanger Zeit in den Orkus der Geschichte geworfen werden. Verdient hätten sie es.

Woher kommen die Erfolge Le Pens und des Front National? Auch die ärgsten Feinde des FN, wie zum Beispiel der Sozialist und ehemalige Ministerpräsident Laurent Fabius, heute Präsident der Nationalversammlung, geben zu, daß der Front National die richtigen Fragen stelle, allerdings die falschen Antworten gäbe. Aber nach meiner Meinung ist allein das Aufwerfen von Fragen, die sich mit der derzeitigen krisenhaften Situation Frankreichs beschäftigen, schon eine notwendige und berechtigte Politik. Ohne Fragen keine Antworten!

Den meisten programmatischen Vorstellungen des FN stimme ich zu, einige halte ich für weniger praktikabel. Eine vollständige Übernahme des Programmes für Deutschland wäre nicht ratsam und letztendlich kontraproduktiv. Jedes Land hat seine eigenen, hausgemachten Probleme, wenngleich in dem Problem der Immigration es beispielsweise diesseits und jenseits des Rheins keine wesentlichen Unterschiede gibt. Sollten die Linken in Frankreich die Schleusen der Einwanderung wieder öffnen, so wird dies dem Front National erneut einen gewaltigen Auftrieb geben. Darauf setzt Le Pen. Und deshalb dürfte er über den Wahlsieg der Linken alles andere als unglücklich sein, ja eine klammheimliche Freude empfinden.

Anders ist die Situation bei der Forderung des FN nach Einführung von Schutzzöllen einzuschätzen. Auch wer hierzulande entschieden gegen die immer stärker werdende Globalisierung des Handels ist, will nicht unbedingt eine „Wirtschaftsfestung" Deutschland errichten. Dies hieße, das Kind mit dem Bade auszuschütten. Außerdem müßte man sich auf Gegenreaktionen gefaßt machen; und ob diese Deutschland wie Frankreich aushielten, ist sehr die Frage. Ich glaube auch, daß die internationalen Verflechtungen der einzelnen nationalen Industrien Wirtschaftsblockaden nicht mehr

Comment gérer un capital électoral de 15 % ?

FN : les préférences et les calculs

La dissolution et ses conséquences placent le Front national en face de choix auxquels il pensait être confronté plus tard.

Le bouleversement des législatives a un effet paradoxal sur le FN. Pour lui, la bataille a été belle : il peut inscrire la défaite de la droite parlementaire sur son tableau de chasse et, jamais, il ne s'était senti un tel pouvoir de décision sur la composition de l'Assemblée. Mais du Palais-Bourbon, malgré ses 15 % de voix, il reste quasiment *due si elle ne prend pas en compte le Front national comme un partenaire possible »*... Et Mégret de noter que la droite RPR-UDF n'avait que deux possibilités pour survivre : ou bien s'allier à la gauche sans le PC, ou bien *« essayer de s'allier avec le FN dans le cadre d'une restructuration du RPR et de l'UDF »*. Il *maires qui devront signer pour la présentation d'une candidature »* au cas où une élection se produisait *« dans les semaines où dans les mois qui viennent »*.

Mais la présidentielle ne se profile nullement à l'horizon rapproché, et, de toute façon, le président du FN n'y aurait guère de chances si l'on se récandidats qui « fassent le poids » dans certains départements. Plutôt qu'une présidentielle très compromise, il vaut mieux envisager des législatives plus fécondes, analyse Bruno Mégret qui, venu du RPR, répugne beaucoup moins que son président à évoquer d'éventuels rapprochements.

Faut-il y voir la marque

Wie geht man mit 15% Wählern um? Aus: Le Figaro 15. Juni 1997

zuließen. Daß diese Verflechtungen unter anderem auf dem Gebiet der Banken alles andere als unbedenklich sind, steht auf einem anderen Blatt.

Gerade weil die Globalisierung das Kannibalengesicht des internationalen Kapitalismus ist, läßt sie sich nicht mehr allein national bekämpfen, sondern eben auch nur noch global. Hier müßte ein Konsens zwischen jenen Ländern hergestellt werden, die alle unter dem amerikanischen Diktat der „one world" zu leiden haben. Zu berücksichtigen ist auch, daß mancher Mißstand, den man im eigenen Land zu beklagen hat, in einem anderen verursacht wird. Flüsse und Ströme verändern ja nicht den Grad ihrer Verunreinigung beim Passieren der jeweiligen Grenzen. Wenn man z. B. in Albanien Dreck und Öl ins Meer fließen läßt, dann können sie in Italien wieder zum Vorschein kommen. Die in Tschechien in die Luft geblasenen Kohleabgase legen sich nicht nur auf die Lungen der Menschen in Böhmen, sondern auch auf die der Bewohner der angrenzenden Oberpfalz.

So ist es, was die Sicherheit der Menschen angeht, sehr zu begrüßen, daß auch der Front National durch die Entwicklung neuer Energieträger den Ausstieg aus der Atomkraft zum Ziel hat: ein zentrales Thema nicht nur diesseits und jenseits des Rheins. Auch darin zeigt sich das Bestreben des Front National, die Menschen auf ihre Verantwortung für die Nachwelt aufmerksam zu machen. Und steter Tropfen höhlt den Stein. Besonders in einer Parteien-Demokratie, bei der die Machterhaltung über alles geht. Darauf hat sich der Front National eingestellt. Die Erfolge sind nicht zu übersehen. Um keine weiteren Stimmen an die Partei Le Pens zu verlieren, haben sich die Regierungsverantwortlichen in Frankreich schon vor der Wahl entschlossen, die Einwanderungsgesetze zu verschärfen. Einen ähnlichen Vorgang konnte man auch in Deutschland beobachten. Um die Republikaner im Zaum zu halten, wurden die Asylgesetze neu formuliert und rigider gefaßt.

Die entscheidende Frage ist: Wird der FN weiter auf Erfolgskurs bleiben können, wenn einmal Jean-Marie Le Pen nicht mehr an der Spitze steht? Grundsätzlich ist es ja so, daß rechte Parteien vor allem Führer-Parteien sind. Führer werden aber nur in den allerseltensten Fällen demokratisch abgewählt. Sie werden gestürzt, bestenfalls mit dem Ehrenvorsitz abgefunden. Hier empfangen sie zwar viel Lob, aber zu sagen haben sie wenig. Von allen Rechtsparteien, die ich kenne, verstand es nur der Vlaams Block, einen vernünftigen und honorigen Führungswechsel vorzunehmen. Auf den altgedienten Vorsitzenden, den 70-jährigen Karel Dillen folgte sein früherer Assistent im Europa-Parlament und jetziger Abgeordneter Frank Vanhecke. Ob es dereinst in der FPÖ, den Freiheitlichen in Österreich, oder bei der Alleanza Nazionale in Italien ebenso schiedlich-friedlich abläuft, darf zumindest bezweifelt werden.

Am 5. Juni 1997 bekam ich aus Paris einen Brief, worin mir mitgeteilt wurde, wie sich Le Pen und der FN nach der Wahl verhalten würden: Der Niedergang der früheren Regierungsparteien müßte unabhängig davon, daß es auch eine Niederlage des Staatspräsidenten war, über kurz oder lang zu einer Neuformierung der Rechten führen. Zahlreich sind jene Angehörigen und Aktivisten der RPR, die in der Tat begreifen, daß der Aufstieg des FN unumkehrbar ist. Jean-Marie Le Pen sagte ironisch: „Man kann mit einem Bajonett alles machen, nur nicht sich darauf setzen. Die zusammengewürfelte Union aus Sozialisten, Kommunisten und Grünen kann nur scheitern. Es ist also vorhersehbar, daß sich schnell eine neue Krise entwickelt, die Jacques Chirac zu einer erneuten Auflösung der Nationalversammlung im Jahre 1998 zwingen wird. Die Niederlage der Linken und der von Chirac läßt den Franzosen nur eine Hoffnung, den Front National."

Und im „Figaro" wird Le Pen mit den Worten zitiert: „Der FN ist der Kern der nationalen, populären und sozialen Opposition, der einzigen wahren Opposition gegen eine sozialistisch-kommunistische Linke. Er ist die einzige Bewegung, die weder ein heimliches Einverständnis noch irgendeine Komplizenschaft mit den Linken aufweist."

Natürlich versuchen die von den Etablierten beherrschten französischen Massenmedien immer wieder, einen Keil in den FN zu treiben, vor allem zwischen Le Pen und Mégret. Dies ist bisher nicht gelungen. Mégret ist zu klug, um sich auf ein parteipolitisches Glatteis zu begeben. Ihm geht es wohl in erster Linie darum, seine Position als Kronprinz zu festigen und auszubauen. Aber auch Bruno Gollnisch ist noch nicht aus dem Rennen und Le Chevallier gewinnt ständig an Boden. Aber es wird weiter gestichelt. Dazu gehört das ständige Aufwerfen der Frage, ob der FN ohne seinen zwar charismatischen, aber umstrittenen Führer nicht noch erfolgreicher sein könnte? Ich glaube das nicht! Ich bin vielmehr überzeugt davon, daß derzeit allein Le Pen die Klammer darstellt, um die unterschiedlichsten Gruppierungen in der Partei zusammenzuhalten. Daß er dabei mit großem taktischen Geschick vorgeht, konnte ich immer wieder beobachten. Ob aber in einer Ära nach Le Pen Diadochenkämpfe ausbrechen werden, kann niemand voraussagen. Vieles spricht dafür, daß sich die Partei im Laufe ihres mehr als zwanzigjährigen Bestehens organisatorisch und ideologisch so sehr gefestigt hat, daß sie auch interne Spannungen auszuhalten vermag. Das unterscheidet sie von den Rechtsparteien in Deutschland und Italien, bei denen Richtungskämpfe und persönliche Animositäten auf der „Tagesordnung" waren.

Der größte Pluspunkt der Partei aber ist das hohe Potential an klugen und gebildeten Köpfen, die ihre Ausbildungen in den besten Schulen innerhalb und außerhalb Frankreichs erfahren haben. Im Vergleich zu dieser Spitzenklasse liegt der intellektuelle Standard bei den deutschen Rechtsparteien, sportlich ausgedrückt, höchstens auf dem Niveau einer Kreis- oder Landesliga.

Die FN-Lokomotive rollt besonders erfolgreich auf der kommunalen Schiene. Der Prototyp eines modernen und aufgeschlossenen Kommunalpolitikers und der nachrückenden Generation ist der Bürgermeister von Marignane, Daniel Simonpieri.

Ich habe viele Gespräche mit Le Pen geführt; persönliche und dienstliche. Dabei frappierte mich immer wieder sein Geschichtsbewußtsein. Er kannte sich wie kaum ein anderer nicht nur in der französischen, sondern auch in der deutschen Geschichte aus. An ein Gespräch erinnere ich mich ganz besonders. Es drehte sich um große historische Verratshandlungen. In diesem Zusammenhang gebrauchte ich den überlieferten Satz: „Der Sieg hat viele Väter, die Niederlage nur einen." Le Pen kannte diesen Satz nicht. Er sagte: „Wiederhol' ihn doch noch mal, wie heißt er genau?" Er schien ihn zu beschäftigen und kam später mehrfach auf ihn zurück. An was mag er wohl gedacht haben?

Ich hoffe, daß er der Vater des Sieges bleibt, auch wenn sich zwischendurch Niederlagen einstellen sollten.

Von Gegnern innerhalb und außerhalb Frankreichs wird häufig behauptet, das moralische Verhalten Le Pens oder das seiner Partei sei nicht immer vom Geist der Freundschaft und der Treue auch gegenüber Verbündeten getragen. Dem ist entgegenzusetzen, daß die Versuche, in Straßburg eine gemeinsame Fraktion mit Vertretern anderer Parteien zu bilden, aus den bereits geschilderten Gründen außerordentlich kompliziert sind und Le Pen gezwungen war, auch manche „Kröte" zu schlucken. Man denke an die wechselhafte Einstellung zu den Italienern Guiseppe Rauti und Gianfranco Fini und vice versa. Da konnte es geschehen, daß der gestern noch mißtrauisch beäugte, einstmalige MSI-Vorsitzende Rauti heute Mitglied der Fraktion der Europäischen Rechten ist, während der lange Jahre sich in der Gnadensonne von Le Pen bewegende Fini jetzt zu den verachtenswerten Figuren zählt. Man könnte diese unterschiedlichen Verhaltensweisen um Zusammenarbeit mit der historischen Situation um den Religionswechsel des bedeutendsten französischen Königs, Heinrichs IV., vergleichen. Er begründete seinen Übertritt zum Katholizismus mit dem Satz: „Paris vaut bien une messe" – Paris ist eine Messe wert. Er wollte damit ausdrücken, daß die Reichseinheit ihm wichtiger war als moralische Skrupel.

Für Le Pen selbst gilt der Satz Schillers über Wallenstein: „Von der Parteien Gunst und Haß verwirrt, schwankt sein Charakterbild in der Geschichte." Le Pen ist weder Teufel noch Erlöser, aber ein Mann, der sein Leben selbstlos und tapfer in den Dienst Frankreichs gestellt hat. Männer seines Schlages haben in der Renaissance-Zeit Geschichte gemacht. Es waren Menschen, die Soldaten und Politiker zugleich waren, ein Typus, der in unserer Zeit kaum noch zu finden ist. Auch bei einigen europäischen Rechtsparteien setzt sich immer mehr die Verkörperung des windschlüpfigen und glatten Politikers durch, dessen Handeln vor allem von kurzfristigen taktischen Überlegungen bestimmt ist. Als Prototypen können hier der Österreicher Haider und der Italiener Fini gelten. Im Gegensatz zu Le Pen, der das ganze System in Frage stellt, wollen die Haiders und Finis lediglich Verbesserungen in Details innerhalb der herrschenden Machtstrukturen. Ihre Devise heißt Teilhabe und nicht Veränderung.

Der Schatten Le Pens lastet auf dem sozialistischen Premierminister. Wie lange wird sich Jospin halten können?

Welcher Richtung die Zukunft gehören wird, dürfte sich in den nächsten Jahren entscheiden. Ich glaube, daß die Geschichte genügend Beweise dafür geliefert hat, daß letztendlich nicht die Schwankenden, sondern die Standhaften gewinnen. Auch wenn es dauert.

Ich persönlich habe mich trotz bestehender Unterschiede in bestimmten Bereichen und zuweilen aufgetretener Unstimmigkeiten entschieden: Le Pen und der Front National, was denn sonst?

Anhang

Organisationsstruktur

Präsident
Jean-Marie Le Pen

Kabinettschef
Bruno Racouchot

Medien
Sophie Brissaud
Alain Vizier

Schatzmeister
Jean-Pierre Reveau

Verwaltung
Serge Martinez

Vize-Präsidenten
Dominique Chaboche
Carl Lang
Martine Lehideux
Roger Holeindre

Kulturelle Aktionen:
Bernard Antony

Jugendorganisation:
Samuel Maréchal

Generaldelegierter: **Bruno Mégret**
Verantwortlich für die Planung der Propaganda, die politische Bildung, die Pressearbeit und die wissenschaftliche Begleitarbeit.

Stellvertreter: **Philippe Olivier**
Kabinettsdirektor: **Damien Bariller**

Nationale Delegierte:
Planung: **Philippe Colombani**
Stellvertreter: **Pierre Vial**

Bildung: **Yvan Blot**
Veröffentlichungen: **Damien Bariller**
Kampagnen: **Jaques Olivier**
Demonstrationen: **Serge Martinez**
Entwicklungen: **Philippe Olivier**
Stellvertreter:
Yves Dupont, Gilles Penelle

Generalsekretär: **Bruno Gollnisch**
Verantwortlich für den Parteiapparat auf allen Ebenen.

Vertreter für Verbände:
Franck Timmermans
Vertreter für Veranstaltungen:
Samuel Maréchal

Nationale Sekretäre:
Interne Kommunikation: **Martial Bild**
Neueintritte: **Arnaud Soyez**
Wahlen: **Jean-François Jalkh**
Mandatsträger: **Jean-Yves Le Gallou**
Auslandsfranzosen: **Jaques Dore**
DOM-TOM (überseeische Gebiete)
Huguette Fatna
Koordination von Arbeitsgruppen und -kreisen: **Pierre Descaves**
Staatsbürgerschaft: **Roger Holeindre**

Mitglieder des Exekutiv-Komitees (Höchstes Gremium des FN)
Jean-Marie Le Pen
Dominique Chaboche – Martine Lehideux – Carl Lang – Roger Holeindre
Bruno Mégret – Bruno Gollnisch – Jean-Pierre Reveau – Bruno Racouchot

↑

Politbüro:
Es hat 30 Mitglieder, ist das Entscheidungsgremium des FN und tritt einmal 14tägig zusammen.

↑

Zentralkomitee:
Es besteht aus 120 Mitgliedern, ist das Parlament des FN.
Es wählt die Mitglieder des Politbüros.

Dazu kommt der „Nationalrat". Er tritt 2 oder 3 mal im Jahr zusammen. Er hat eine beratende Funktion und setzt sich zusammen aus Mitgliedern des Zentralkomitees, den Landessekretären, den nationalen und regionalen Mandatsträgern, sowie den Mitgliedern des wissenschaftlichen Beirates des FN.

↑

Kongreß:
Die Delegierten treten 3 – 4 mal im Jahr zusammen.
Sie wählen den Präsidenten des FN und sein Zentralkomitee.

↑

Parteimitglieder:
Etwa 100 000.

→ Aus den Mitgliedern des FN formieren sich die Verbände. Es sind 100, je einer für jedes Departement. Sie werden von den Landessekretären (Secrétaires Départementaux) geführt.

Weitere Untergliederungen: FNJ (Front Nationale Jeunesse), die Jugendorganisation des Front National. Altersgrenze 25 Jahre.

Sicherheit: Département D.P.S.-Protection et Sécurité (Abteilung Schutz und Sicherheit)
Leiter: Bernard Courcelle

Commission Discipline: Parteigerichtsbarkeit
Leiter: Yves de Verdilhac

Jahresbeiträge:
Mitglieder: 250 Franc
Förderer: 500 Franc
Spender: 1500 Franc
Franzosen in schwieriger Finanzlage und Jugendliche: 100 Franc

Der FN verfügt über 16 Arbeitskreise:
- Den Kreis der Soldaten und Kämpfer
- für Vorruheständler und Rentner
- für Frauen in Europa
- für die Behinderten
- zum Schutz von Natur und Tier
- Jagd – Fischerei – Natur
- Landwirtschaft in Frankreich
- protestantische Freunde
- Armeeangehörige
- Repatriierte
- Nationale Presse
- Juden in Frankreich (dem FN nahestehend)
- Verteidigung der Autofahrer
- der Taxifahrer
- Banken
- Gewerkschaften

Darüber hinaus gibt es 24 Listen von Freundschaftsgruppierungen, darunter den „Nationalen Verband für Recht und Freiheiten“, den „Verband zur Verteidigung der Interessen der französischen Antillen“.

Weiter aufgeführt sind die „Mission des Gemeinschaftswesens“, eine „Liga für das Leben“, ein „Französisches Institut für kulturelle Aktionen“, für „Französische Brüderlichkeit“ und eine „Bewegung für nationale Erziehung“.

Bemerkenswert: die „Nationalvereinigung Korsika“.

Von Jany Le Pen, der Ehefrau des FN-Präsidenten, wird „SOS-Kinder des Irak“ geleitet.

Besonders erwähnenswert ist noch das „Unterstützungs-Komitee für die Armee und die Verteidigungsindustrie“, sowie der „Front National der Polizei“.

1. Zeitungen und Zeitschriften

Die offizielle Parteizeitung heißt „Français d'Abord“ mit dem Untertitel „La Lettre de Jean-Marie Le Pen“, der Le Pen-Brief. Die Zeitung erscheint zweimal im Monat und ist ein sehr persönlich gehaltener Informationsbrief. Er beinhaltet Lageangaben und Stellungnahmen des Präsidenten zu politischen Fragen. 1989 wurde die Zweimonatszeitschrift „Identité“ gegründet. Sie versteht sich als der „Atem“ des nationalen Denkens.

Die FNJ, die Jugendorganisation, verfügt über die Monatszeitschrift „Perspektives“. Auf 8 Seiten werden die wichtigsten Problemfelder Frankreichs und Europas abgehandelt und Perspektiven zu Lösungen aufgezeigt.

Eine äußerst wichtige Rolle spielt die reich bebilderte, etwa 20 Seiten umfassende, wöchentlich erscheinende Illustrierte „National Hebdo“. Sie ist nicht unmittelbar dem FN unterstellt, verfügt über einen gewissen journalistischen Freiraum und kann zuweilen auch mit kritischen und nonkonformistischen Beiträgen aufwarten. Einzelnen Redaktionsmitgliedern wird eine Vorliebe für die „lateinische Version“ des Patriotismus, verbunden mit spürbarer Distanz zur germanischen nachgesagt. Dann und wann schimmert auch Mißtrauen gegen den als übermächtig dargestellten Nachbarn Deutschland durch die Zeilen.

Mit modernsten Mitteln werden unentwegt Broschüren und kleinere Zeitschriften unter die Wähler gebracht.

Unter der Bezeichnung „Radio Le Pen“ übermittelt eine tägliche Telefonbotschaft die Stellungnahmen von Le Pen zu Tagesereignissen oder Reaktionen auf Falschmeldungen in den Medien.

Von der Nicht-FN-Presse gilt die rechts stehende Pariser Tageszeitung „Minute“ als einzige, die sich fair und wohlwollend zum FN verhält.

Der „FN-Laden“: Er vertreibt Artikel und Gegenstände für den FN und ihren Vorsitzenden. Besonders begehrt sind die Bücher aus der FN-Bücherei.

Fast alle Spitzenfunktionäre des FN haben mehrere Bücher geschrieben. Auch darin besteht ein großer Unterschied zu den deutschen Rechtsparteien. Mit Ausnahme von Dr. Frey, dessen Haus immer wieder Dokumentationen herausgibt, findet sich in den derzeitigen Führungsgremien der Rechtsparteien kaum jemand, der ein Buch geschrieben hat. Überhaupt ist hierzulande unter den Rechten die Neigung zur Weiterbildung relativ gering. Statt in Geschichtsbücher, steckt man die Nase lieber in sogenannte Dossiers, vor allem, wenn darin Parteifreunde vorkommen.

National Hebdo

ISSN 0761-8972 - M 2311 - France : 20 FF - N° 676 - Semaine du 3 au 9 juillet 1997
Belgique : 110 FB - Suisse : 6,80 FS - Grèce : 950 Dr. - USA : $ 8,00 - Italie : 8 500 Lires - Espagne : 825 Pts - Canada : 6,50 $can

Les promesses se sont envolées

SALE TEMPS POUR LA GAUCHE

C'était inévitable. C'était inscrit dans les faits. Dans le rapport des forces mondiales. La mort dans l'âme, Lionel Jospin a dû en prendre acte. Il a abandonné Vilvorde. Amené sur un site non rentable l'étendard des espoirs et des révoltes socialistes. Comme Chris Patten et le prince Charles ont amené l'Union Jack sur Hong Kong revenu à la Chine, à son gouvernement, à ses troupes de choc.

La nature des choses est plus forte que la parole des hommes. Tempérés par les besoins de la campagne électorale, les chiffres du chômage viennent de faire un bond. Et, tant que l'on ne rompra pas avec Maastricht et sa logique (priorité au grand commerce international, refus des frontières), on ne pourra pas en éviter les effets : recul des parts de marché, chômage, et régression générale. A Vilvorde comme à Hong Kong, les dragons conquérants attaquent pour prendre la place d'un Occident malade. Jospin en se pliant, dès Amsterdam, à une certaine politique mondialiste abandonne les intérêts des travailleurs français qu'il prétendait incarner pendant la campagne. C'était inscrit dans ses contradictions. Nous l'avions dit. C'est fait. La gauche abandonne Billancourt.
Elle amuse le tapis avec ses mesures antifamiliales, ou ses rêveries sur les 32 heures, et elle mène la plus antisociale des politiques.

Juppé faisait à peu près la même chose, mais il avait l'honnêteté d'une tronche de technocrate pète-sec et psychorigide, il ne nous la jouait pas honnêteté, écoute du peuple et nouvelle façon de gouverner. Quand on entend dire que Jospin fait ce qu'il a promis, il y a de quoi s'attraper le programme commun et se le mordre : il privatise les Télécoms, ferme Vilvorde, et continue Bérégovoy, Balladur, Juppé, bref, c'est la politique de Trichet appliquée par un tricheur.

Les badauds battent des mains parce que le Premier ministre annonce qu'il fera des erreurs et qu'il demande des délais, ce que l'on prend pour des marques de réalisme, d'une grande conscience honnête : mais il s'est simplement mis, parce qu'il est socialiste et euromondialiste, dans la situation désagréable de ne rien pouvoir faire pour la France. Chirac a liquidé la droite, Jospin enterre la gauche.

M 2311 - 676 - 20,00 F

FRANZ SCHÖNHUBER

"LE FN, UN MODELE POUR L'ALLEMAGNE"

PAGES 15/16

Les folies de l'Europe P. 10

Carpentras : la preuve P. 13

National Hebdo. Erscheinungsweise: wöchentlich. Reich bebildert. Aggressiv und witzig in den Formulierungen. Preis je 20 FF. An Kiosken erhältlich. Direktion: Jean Claude Varanne FN ist Mehrheitsgesellschafter des Verlages.

LA MORT DE FRANÇOIS MITTERRAND

Les réactions de nos dirigeants en pages 11 et 12

Français D'ABORD !

La Lettre de Jean-Marie Le Pen

n° 229 2e quinzaine - janvier 1996 15F

Il y a 1500 ans, par son baptême et celui de ses guerriers, Clovis scellait l'union politique et religieuse de Celtes, de Latins et de Germains, du peuple gallo-romain et du peuple franc. La Gaule de Vercingétorix devenait la France de Clovis. 15 siècles plus tard, le Front National se souvient et la carte annuelle de ses adhérents portera en 1996 la marque de ce symbole d'unité française, de puissance et de gloire nationales. Bonne année la France !

Lire l'éditorial de Jean-Marie Le Pen en page 2

L'ANNÉE CLOVIS

• Illustration de Frank Marest pour la carte d'adhérent FN 1996

Français d'abord. Erscheinungsweise: 14tägig. Hieß früher: Le Pen-Brief. Befasst sich vor allem mit Parteifragen. Le Pen erläutert in jeder Nummer die jeweilige politische Situation.
Empfänger: kostenlos für alle Parteimitglieder.
Politischer Direktor: Jean-Marie Le Pen.Chefredakteur: Damien Bariller.

PRÉSENT

NUMÉRO 3858 — Mardi 17 juin 1997 — 10F

ANTILLES-RÉUNION 16 F • TAHITI - NOUVELLE CALÉDONIE 545 FP • CÔTE D'IVOIRE 630 CFA • BELGIQUE 65 FB

En page 2 :

La promenade dominicale de Georges-Paul Wagner

Pasqua « témoigne » et commente...

Front national : un nouvel élan

Le conseil national du Front national (composé des 39 membres du bureau politique, des 120 membres du comité central, des secrétaires fédéraux et des élus, soit environ 300 personnes) s'est réuni samedi dernier pour examiner la nouvelle configuration du paysage politique après les législatives. A l'issue de ce conseil national, Jean-Marie Le Pen a tenu une conférence de presse, au cours de laquelle il a précisé la stratégie du mouvement et a souligné que le Front national repartait à la bataille, pour les élections régionales, et en se tenant prêt pour une éventuelle élection présidentielle... ou de nouvelles élections législatives.

Le président de la République « aurait dû démissionner, compte tenu des circonstances qu'il a créées lui-même et dans lesquelles il a interrogé le pays sur un sujet fondamental, en se substituant au Premier ministre comme chef de la majorité présidentielle », a rappelé Le Pen. « Peut-être le fera-t-il dans un mois, dans un an : la perte de son prestige, de son autorité et de sa base de légitimité électorale vont aggraver les conflits internes au pouvoir et rendre nécessaire » cette démission.

Ou à tout le moins une nouvelle dissolution de l'Assemblée. « L'état d'esprit, aussi bien à l'UDF qu'au RPR, le désaveu infligé à ceux qui avaient la responsabilité principale de ces mouvements, l'attitude du président de la République lui-même, sa modestie qui cache mal un désarroi profond, prouvent bien que nous n'avons pas fini de voir les conséquences, à nos yeux bénéfiques, de la formidable erreur d'appréciation et de manœuvre du président de la République. »

« Ramasser les débris »

Rappelant qu'il n'y a aucune raison pour que le Front national « serve de béquille à des mouvements politiques qui sont déconsidérés », voire « en pleine débâcle », Le Pen rejette toute stratégie d'alliance avec de tels partis : « On ne s'allie pas avec des forces qui sont en décomposition, on attend d'en ramasser les débris. » Les électeurs du RPR et de l'UDF n'appartiennent pas au RPR et à l'UDF. « Si les électeurs ne trouvent plus dans ces formations ce qu'ils en attendaient, tout naturellement nous les accueillerons au sein de notre mouvement. »

Aux journalistes de la presse hostile, qui venaient là essentiellement pour savoir où en était la « bagarre » entre Le Pen et Mégret (c'est leur thème de prédilec- cain » que respecte la gauche), Le Pen a simplement rappelé que « le FN est un orchestre », mais qu'il y a « un seul chef d'orchestre ».

Les régionales

Pour l'heure, la prochaine échéance électorale programmée est celle des régionales, en mars 1998. Une élection qui se déroule toujours au scrutin proportionnel. A priori, du moins. Car la question a été évoquée au conseil national du parti socialiste, qui se tenait également samedi à Paris. Et le Premier ministre Lionel Jospin n'a pas exclu une modification du mode de scrutin, laquelle toutefois ne pourrait être décidée « qu'en cas de consensus au sein de la majorité et avec l'opposition », sans oublier que « ce serait une rupture de changer les règles du jeu à moins d'un an des échéances électorales ».

Le Front national, qui progresse à chaque élection, et qui bénéficie aujourd'hui de la déconfiture du RPR et de l'UDF, se fixe comme objectif de doubler le nombre de ses conseillers régionaux, c'est-à-dire d'en porter le nombre de 235 à 470, a déclaré Le Pen, précisant que c'était là un objectif « modeste » et qu'il espérait en réalité faire « mieux que ça ». Dans la dynamique des dernières élections, municipales et législatives, ces régionales devraient permettre au Front national d'être majoritaire en Provence-Alpes-Côte d'Azur, et donc de porter à la présidence de la région Jean-Marie Le Pen lui-même, qui est le président du groupe FN.

Yves Daoudal

Dès son retour sur scène NTM insulte la police

Et par son seul nom, le groupe continue d'insulter toutes les mères

Ils ont fait leur rentrée sur scène dimanche soir au « festival rock de Paris ».

Laquelle appellation « **festival rock** » d'ailleurs tenait de l'escroquerie pour tous les amateurs de rock.

Les Nique Ta Mère qui ont pu se produire dimanche soir devant **15 000 personnes au Parc des Princes**, grâce à un promoteur de spectacles parisien associé à une filiale de Canal Plus dont il faudra retenir le nom : la société d'exploitation Sports et Evénements SESE, ont profité de l'occasion qui leur était apportée sur un plateau d'argent :

Kool Shen et Joey Starr ont demandé au public de lever le majeur de la main droite en scandant pendant plusieurs minutes : **« Nique la police »**.

Une longue incantation tribale de haine et de mort, martelée, obsessionnelle, insupportable. Assortie de deux variations : **« Nique le FN »** et **« Nique Jean-Marie »**.

Les Nique Ta Mère ont soigné leur retour un peu plus de six mois après leur condamnation à « six mois d'interdiction de chanter ». Leur nouvelle prestation précède de quelques jours l'arrêt de la cour d'appel des Bouches-du-Rhône qui doit se prononcer sur la peine de 100 jours-amende à 500 francs, demandée par le substitut général.

Le 14 novembre dernier, les NTM ont été condamnés à « six mois de prison dont trois fermes » et à « six mois d'interdiction d'exercer leur métier » pour avoir tenu des propos outrageants à l'égard de la police, le 14 juillet 94 lors d'un concert à la Seyne-sur-Mer (Var).

Condamnés pour « propos outrageants » **et non pas pour leurs appels au meurtre à répétition** contre les policiers, leur incitation à tuer les flics et à « foutre le feu » aux commissariats, les Nique Ta Mère ont remis ça dimanche soir. C'est-à-dire qu'avant même de commencer à éructer leurs morceaux de rap, leur « composition artistique qui s'en tient au domaine de l'imaginaire » ainsi qu'ils l'avaient plaidé devant le tribunal, ils ont, en dehors de toute composition imaginaire, appelé leur public une fois de plus à la bavure « jeune ». A « niquer les flics », à « se faire les flics », à « shooter les flics ».

Et « Maint'nant qu'c'est Jospin », ils se disent peut-être, à quelques jours de la décision de la cour d'appel, qu'ils ont encore moins de raisons de se gêner.

Le week-end « rock » du Parc des Princes leur a offert une tribune exceptionnelle. Au cours de ces 24 heures et particulièrement pendant la journée du dimanche, le ton avait été donné par les rappeurs « hardcore et militants » de *No one is innocent*, les *Rage against the Machine* qui se réclament du « gauchisme musical » et qui ont chanté devant une immense effigie de Che Guevara arborant des tee-shirts « Viva Zapatta » ainsi que les rappeurs **« revendicatifs et violents » de *Wu Tang Clan*** dont la vedette se fait appeler **Ghostface Killa**, c'est-à-dire « le tueur à tête de fantôme »...

Il s'est quand même trouvé pas loin de **30 000** spectateurs en tout, entre vrais-faux naïfs, amateurs de « rock » et vraie-vraie faune dégénérée, pour se déplacer sous la pluie et payer (très cher : entre 200 et 385 francs les places en vente à la FNAC) leur accès à la grande culture « Douste-Lang-Gayssot-Buffet ».

C'est l'une des premières fois que Nique Ta Mère avait les moyens de « se payer » sur scène un public si nombreux pour la diffusion de ses appels au meurtre.

Caroline Parmentier

La célébration nationale des 15 ans de "Présent"

Avec Bernard Antony en Pays de Cocagne

Un message de Jean-Marie Le Chevallier. La présence de la majorité des élus régionaux du Front national. Un public nombreux, amical, chaleureux. Le Père Anselme, prieur du monastère du Barroux « dépêché » par le Père Abbé Dom Gérard et escorté par Albert Gérard pour célébrer la Sainte Messe. Un endroit de rêve, « L'Hermitage occitan » de Fiac, pour une paëlla géante. Des discours, des chants, des rires, de l'émotion et, par-dessus tout ça, Bernard Antony en ordonnateur parfait de cette joyeuse commémoration...

Quand nous titrons : « Avec Bernard Antony en Pays de Cocagne », il ne s'agit pas d'une seule clause de style mais d'une réalité : croit (*cocagne* est un mot d'origine provençale qui signifie *réjouissance*), mais effectivement dans cette région où les noms chantent — Rabastens, Giroussens, Saint-Julia de Gras Capou, Lavaur — et qui dut sa fortune, au XVIe siècle, au pastel.

Le pastel, cette plante fabuleuse qui fournissait toute l'Europe il y a 400 ans, fit s'épanouir à la Renaissance le « triangle du bleu » : Albi-Toulouse-Carcassonne.

Du « bleu », il n'y en avait pas, en ce dimanche du 15 juin, dans les seuls moulins pasteliers qui attendent la mousture du pastel en fleurs. Il y en avait dans le ciel, dans les cœurs, dans les yeux.

l'histoire de notre journal. Mais une telle relation ferait que l'on oublierait tel ou tel (ce lecteur tout récent, venu d'Antibes par exemple ; ou cet ami suisse installé à Toulouse et qui a le cœur tricolore ; ou encore ce pied-noir de la fidélité qui n'oublie jamais que nous aimons le miel) et ce ne serait pas juste.

Un mot, cependant, pour Pierre Bosc qui nous a remis, « en témoignage de fidélité à un idéal », une magnifique sculpture « en chêne du Causse quercynois, nourri au vin de Cahors et poli à l'huile de coude ».

A 11 heures du matin, la petite église — un chef-d'œuvre du XVIe siècle occitan — où officiait le Père Anselme, était, selon l'expres-

Présent. Steht dem FN nahe. Erscheint täglich von Montag bis Freitag.
Gilt als stark katholisch orientiert und soll vor allem gebildete Leserschichten ansprechen.
Ist an Kiosken erhältlich.
Redaktionsdirektor: Jean Madiran.

NOUVELLES DE

FRANCE

BULLETIN DES AFFAIRES ÉTRANGÈRES ET DU CFRE

N°87 **MAI 1997**

VOTEZ AUX ELECTIONS LEGISLATIVES LE 25 MAI ET LE 1 ER JUIN

Vous pouvez voter par procuration si vous êtes inscrits en France sur une liste électorale.

Si vous avez en France un domicile ou une résidence secondaire.

Il vous suffit de demander au Consulat de vous établir une procuration.

Si vous n'avez personne dont vous pouvez être certain qu'il « votera bien », envoyez-nous d'urgence, de préférence par fax au 33.1.41.12.10.86

NOM
Prénoms
Lieu de vote
N° du bureau de vote

et, PAR RETOUR, nous vous enverrons les noms et adresses d'une personne de confiance à laquelle vous pourrez adresser votre procuration et qui votera pour vous.

ATTENTION
La procuration peut être délivrée pour un seul scrutin, pour un an ou, dans le seul cas, des Français immatriculés à l'étranger pour une durée maximale de 3 ans.
Il vous est conseillé de demander une procuration de 3 ans, compte tenu des élections régionales qui auront lieu en 1998.
Un même mandataire peut recevoir deux procurations, dont une seule établie en France, ou deux procurations établies à l'étranger.

C.F.R.E.
B.P. 190
92212 SAINT-CLOUD Cédex

Nouvelles de France. Für Franzosen im Ausland. Chefredakteur: Jacques Dore. Zusammenstellung Anne Vauzanges. Erscheinungsweise: zweimonatlich.

Revue D'ÉTUDES NATIONALES

identité

LE COMMUNISME
Crime contre l'humanité

Le crime institutionnalisé • L'Occident complice
La normalisation de l'Ouest • Le procès interdit
Actualité de l'anticommunisme
Clovis • L'héritage d'Athéna

NUMÉRO 24 • PRINTEMPS 1997 • 50FF ISSN 0999-6087

Identité. Intellektuelle Zeitschrift. Erscheint alle zwei Monate. Herausgeber Bruno Mégret.

Béret Baguette (sinngemäß: Stock und Mütze). Großformatiges frech-satirisches Magazin. Auflage: 10000 Exemplare. Wird vor allem beim Fest „Bleu Blanc Rouge" verkauft. Herausgeber: Jean Emile Naumet.

Respektlos und bewußt „political incorrect".
Chefredakteur: Samuel Maréchal.

AGIR POUR FAIRE FRONT

OCTOBRE 1996
1° quinzaine

Supplément à «Français d'abord !»

LE BILLET D'HUMEUR

JEUNES TRAVAILLEURS

Victimes principales du chômage, de la pauvreté, de l'immigration invasion, de tous ces fléaux dus à l'incompétence, à la sottise et à la corruption de la classe politicienne, vous n'avez plus qu'une richesse, une ultime espérance : la France.

La terre de France, le pays, la civilisation française que vous enrichissez de votre travail, jour après jour, comme vos ancêtres l'ont fait avant vous.

Ce trésor, vous l'avez reçu de vos pères et vous le transmettrez en héritage à vos enfants.

C'est cette vérité, que Jean-Marie Le Pen ne cesse de redire dans chacun de ses discours, que certains politiciens et journalistes ne comprennent pas, ou plus.

Ainsi, ils sont surpris et atterrés de voir que c'est dans les classes d'âge les plus jeunes et dans les catégories professionnelles les plus actives (chez les jeunes travailleurs, ouvriers ou employés), que le Front national est le parti le mieux entendu.

Mais, ce n'est qu'un début...

Samuel Maréchal
Directeur national du FNJ.

Le nouveau message d'espoir du Front national de la Jeunesse s'affiche dès aujourd'hui à travers toute la France

BLEU BLANC ROUGE

■ 50 000 personnes parcourant, deux jours durant, quelques 150 stands répartis sur près de 90 000 mètres carrés. Des "cagouilles" charentaises (escargots), à la choucroute alsacienne, en passant par "la fameuse pizza de l'Isère" ou la "Bodéga" du FNJ du Pays basque, il n'est pas une spécialité qui ait pu échapper aux militants et sympathisants qui s'étaient déplacés pour l'occasion.

La direction nationale du FNJ tient à remercier ceux qui tout au long de cette grande manifestation sont venus participer à la bonne ambiance du village et de son stand.

La mobilisation de cette France des traditions nous a prouvé combien les campagnes de diabolisation menées contre le Front national et Jean-Marie Le Pen sont stériles.

Alors que le montage de l'affaire de "l'inégalité des races" résonnait encore, la foule était là, plus nombreuse encore que l'année passée et de mémoire de Frontiste, on n'avait jamais vu une fête des Bleu-Blanc-Rouge aussi réus-

SUPPLEMENT À «FRANÇAIS D'ABORD» **1° quinzaine octobre 1996 - n° 244**

Agir pour faire front. (sinngemäß: Handeln um Stellung zu beziehen). Direktor: Samuel Maréchal. Jugendbeilage zu Français d'abord.

Album de FNJ (Album der Jugendorganisation).
Herausgeber: Jean-Claude Varanne.
Auflage: 20 000

NOTRE COMBAT
POUR LES RETRAITÉS
Cercle National des Préretraités et Retraités
4, rue Vauguyon • 92210 SAINT-CLOUD • Tél.: 01 41 12 10 90 • Fax : 01 41 12 10 99
PUBLICATION TRIMESTRIELLE DU C.N.P.R.
Numéro 21 — 10 F — Décembre 1996

ETAT DE D

Sous le titre de "Les Lâches attaquent", vous pourrez lire dans ce numéro, le récit des graves incidents survenus le 22 octobre dernier lors de la manifestation des retraités à laquelle nous avions décidé de participer.
Les lâches, ce sont, bien sûr, les jeunes voyous de la CGT qui, associés à leurs compères de la CFDT, de "ras l'Front", du SCALP... se sont attaqués aux anciens du CNPR et, de préférence, aux plus faibles d'entre eux, par exemple à deux dames âg respectivement de 78 et 83 ans. Il s'agit là exploit particulièrement audacieux et qui mérit figurer au tableau d'honneur de la cen syndicale de Louis Viannet. Leurs auteurs rec sans aucun doute le Prix Staline du courage.
Il est vrai qu'entre les syndicats qui se pr représentatifs et nous, le contentieux puisque nous n'avons cessé de dén malversations dont ils se rendent coupab précédent numéro de "Notre Combat" p Comme nos affirmations ne peuvent contredites, ils ne leur reste que les coups pour seule réplique.
Les lâches, ce sont aussi les autorités préfectorales qui n'ont pas manqué d'être averties des événements par les forces de l'ordre qui stationnaient à

... e ... re ... /è- ... :me ... , les ... jours ... forts. ... rée de ... nés, les ... nes" des ... endier, ils ... durs des ... nposer leur ... forces dites ... République et ... npent de moins ... compatriotes ... ue l'état de droit ... droit n'existe plus, co... n'existe p... il devient urge... !

Claude RUNNER

200 000 avortements par an en France
4 millions de bébés tués depuis l'adoption de la loi Veil-Chirac.
L'indifférence est complice,
AIDEZ LA LIGUE

Fast jeder Arbeitskreis hat ein eigenes Organ, wie z. B. „Unser Kampf für die Rentner" oder die „Liga für das Leben".

Kampf um den Menschen mit allen modernen Mitteln:
Le Pen spricht auf Knopfdruck.

40 000 immigrés clandestins bientôt régularisés !

■ C'EST CATHERINE TRAUTMANN QUI L'ANNONCE : LE P.S. TIENDRA SES PROMESSES ENVERS LES SANS-PAPIERS ■ PAGE 5 ■

L'A.N.P.E. EN FÊTE

TRENTE ANS ET TROIS MILLIONS DE CHÔMEURS

PAGE 4

minute

HEBDOMADAIRE POLITIQUEMENT INCORRECT ★ 11 JUIN 1997 ★ N° 1834 ★ 16 F

En vente tous les mercredis

LA FIN DE « 7 SUR 7 »

LORD SINCLAIR ARRIVE, MADAME STRAUSS-KAHN S'EN VA

PAGE 5

DANS CE NUMÉRO

Sans Le Pen, elle ne reviendra pas au pouvoir

La droite devra faire Front

● La débâcle de la droite aux dernières élections a au moins le mérite de soulever deux questions : un mode de scrutin inadapté et l'évidence que la droite classique n'est plus majoritaire toute seule ● De plus, tout laisse à penser que le FN n'a pas terminé son ascension, surtout si le nouveau gouvernement ouvre la porte aux étrangers comme le prévoit son programme ● Pendant ce temps, le RPR et l'UDF continuent, chacun de son côté, à se déchirer ● L'ex-majorité devra obligatoirement trouver un accord avec le parti de Jean-Marie Le Pen pour espérer revenir au pouvoir ● De plus en plus de voix s'élèvent dans ce sens ● Seule la peur de ce que pourront en penser les médias retient encore les plus réticents ● Si le RPR et l'UDF n'analysent pas les vraies causes de leur échec, le FN sera demain la seule véritable alternative à la coalition socialo-communiste...

NOTRE ARTICLE EN PAGE 3

INDISCRÉTIONS

Trautmann élue grâce au RPR ?

Catherine Trautmann, porte-parole du gouvernement et ministre de la Culture, élue député de la 1re circonscription du Bas-Rhin au second tour des législatives avec seulement 99 voix d'avance sur l'UDF **Harry Lapp**, devrait vraisemblablement sa victoire... au RPR ! Entre les deux tours, le secrétaire du comité de circonscription du RPR **Francis Muckensturm** aurait donné secrètement des consignes de vote en faveur de Trautmann plutôt que de Lapp. Les états d'âme des membres du comité ne semblent pas avoir affecté **André Schneider**, secrétaire départemental du RPR et franc-maçon notoire, qui n'a pas oublié comment l'UDF **Zeller** fut élu à la présidence du conseil régional en s'entendant avec les Verts contre le RPR **Hubert Haenel**. Ce mot d'ordre secret en faveur de Trautmann n'a cependant pas pu être pris sans l'aval de Paris. En favorisant l'élection du maire socialiste de Strasbourg, la direction du RPR faisait échec à la stratégie du FN, qui aurait passé un accord de désistement avec Harry Lapp – ce que l'intéressé nie aujourd'hui.

GAYSSOT, UN MINISTRE COMMUNISTE VRAIMENT TROP GAUCHE

Des fameuses chaussettes de Lajoinie aux costards de Gayssot, le style des communistes ne change pas plus que leur dialectique. De ces trois camarades qui arrosent, deux sont aujourd'hui ministres. Manque de pot.

Les socialistes avaient annoncé la couleur au lendemain de la dissolution, et dans cette couleur entrait du rouge. **Jospin** avait beau s'écrier : « *On a voulu nous surprendre, à nous de surprendre !* », la surprise a essentiellement tenu aux noms des ministres communistes : **Marie-George Buffet** – on s'y attendait ; **Michelle Demessine**, une presque inconnue ; et surtout, **Jean-Claude Gayssot**... A l'heure où en Europe de l'Est les anciens nomenklaturistes doivent déguiser leur nom pour revenir aux affaires, la France, quatrième puissance occidentale, s'autorise un archaïsme !

Nommé à l'Equipement, aux Transports et au Logement, poste de choix pour un cheminot, le nouveau ministre fait la paire avec **Robert Hue**. Avec ses costards façon bal du comité d'entreprise, sa mèche rebelle et son air de chef de gare qui vient d'apprendre son infortune, Gayssot fait trop beau, trop vrai, trop sorti d'un film de **René Clément** pour ne pas plaire aux nostalgiques de la gauche de bon papa, celle qui se réjouissait de l'écrasement des réactionnaires à Budapest ou de la libération de Prague, cinq et quinze ans après la mort de **Staline**...

Un apparatchik sans états d'âme

Il paraît cependant qu'au PCF on lui trouve l'air rénovateur ; à la bonne heure ! « Le Monde », du coup, discerne chez lui « *le tempérament du parfait communiste français : bon vivant avec ses camarades, pudique et discret avec les autres* ». Pourtant, si Gayssot rénove, c'est à l'orthodoxe ; et l'orthodoxie, chez les communistes, garde comme un accent russe. La carrière du nouveau ministre est d'ailleurs taillée à l'apparatchik : né de petits paysans à Béziers en 1944, il entre à la SNCF en 1962 et au Parti dès 1963. C'est le début d'une merveilleuse aventure au long de laquelle ce militant dévoué gravit les échelons de la hiérarchie communiste.

Sans grand charisme aux dires de ses propres camarades, Gayssot est avant tout un homme d'appareil, ce dont témoigne la vitesse de sa progression au sein du Parti : secrétaire des cheminots CGT biterrois en 1964, il est déjà responsable de la section économique du comité central en 1976, membre du comité central en 1979, membre du bureau politique en 1982, secrétaire du comité central chargé de l'organisation, en quelque sorte « ministre de l'Intérieur » et numéro trois du Parti, en 1985... En parallèle, son parcours public le conduit au conseil municipal de Bobigny, auquel il siège de 1977 à 1995 avant de devenir conseiller et maire de Drancy. A partir de 1986, il est élu député de Seine-Saint-Denis.

Gaysot grille les étapes avec l'appui de **Georges Marchais** et se pose en défenseur de la ligne officielle, prenant à partie les contestataires, jusqu'à ce que l'heure communiste soit à la rénovation : il se range alors sans sourciller aux côtés de Robert Hue. Seule la ligne officielle a changé : pas Gayssot, dont la raison d'être est de la défendre toujours. La seule action d'éclat de ce besogneux reste, en 1990, la fameuse loi réprimant le révisionnisme, qui vient illustrer l'idée que se font les communiste du « débat démocratique ».

L'action du nouveau ministre risque de ressembler à ce parcours idéologiquement sans faute. Du moins la nomination aux Transports de l'ancien cheminot cégétiste laisse-t-elle présager des départs en vacances normaux. Pour le reste, le ministre reste prudent. Le 4 février dernier encore, à l'Assemblée nationale, guerroyant à propos de la réforme de la SNCF contre les « *chantres du libéralisme, du démantèlement, des privatisations et de l'actuelle construction européenne* », il prévenait : « *Ce que vous voulez aujourd'hui défaire, une autre majorité se fixant l'objectif d'apporter des réponses progressistes et humaines aux enjeux de société pourra le reconstruire.* » L'heure n'est plus au lyrisme. Le 5 juin, Gayssot déclarait : « *Ne me demandez pas quelles décisions nous proposerons au gouvernement. Dans tous les cas ma politique sera de ne rien faire sans approfondir les dossiers et sans mener les concertations avec toutes les parties intéressées.* » Il est urgent d'attendre que le Parti ait défini sa ligne.

Eric LETTY

VITROLLES

La sécurité publique en otage

La plupart des communes qui mettent sur pied une police municipale doivent compter avec la susceptibilité de la police nationale, qui voit la plupart du temps d'un œil sourcilleux ces supplétifs qu'elle ne contrôle pas empiéter sur ses plates-bandes. Une rivalité qui peut aller d'une collaboration sans enthou-

gation de l'immobiliser par un clef réglementaire pour éviter les coups, le gauchiste a couru se plaindre sans vergogne auprès de la police nationale, laquelle a jugé sa plainte tout à fait recevable !

Le commissaire préfère recevoir

Malgré l'agression sur le marché de Vitrolles de Claude Bourge,

Les jeunes années méconnues de Jean-Pierre Chevènement

Jean-Pierre Chevènement a-t-il appartenu dans sa jeunesse à Patrie et Progrès ? Ce club de réflexion, partisan d'un socialisme national, fut créé en 1958 par deux énarques, **Philippe Rossillon** et **Jacques Gagliardi**, dont **Maurice Bardèche**, le beau-frère de **Robert Brasillach**, a pu dire de leur livre-manifeste : il « *exprime un espoir, un espoir courageux et sympathique, et il est bien singulier que ce espoir soit si proche des formules de*

Le jeune Chevènement fut en tout cas un farouche partisan de l'Algérie française. Etudiant à Sciences po, il consacra un mémoire à « La droite nationaliste face à l'Allemagne », dédié au professeur **Raoul Girardet**, futur responsable de la propagande de l'OAS-Métro. Avant d'entrer à l'ENA, il effectua son service militaire en Algérie comme officier SAS. Dans son livre « Singulièrement libre » (Perrin, 1990), Girar-

Minute. Unabhängige und rechts stehende Wochenzeitung. Wohlwollend aber nicht unkritisch gegenüber dem FN. Redaktionsdirektor: Jean Claude Valtas. Auflage: 60 000

2. Auswahl von Büchern

Einige der wichtigsten Bücher aus den Federn der FN-Spitzenleute, von denen jeder eine Vielzahl geschrieben hat:

Jean-Marie Le Pen: Les Français d'abord
(Die Franzosen zuerst)

Jean-Marie Le Pen: La France est de retour
(Frankreich ist zurückgekehrt)

Jean-Marie Le Pen: L'Espoir
(Die Hoffnung)

Bruno Mégret: L'Impératif du renouveau
(Der Imperativ der Erneuerung)

Bruno Gollnisch: Une Âme pour la France
(Ein Herz/Seele für Frankreich)

Yvan Blot: L'Héritage d'Athéna
(Das Erbe Athens)

Jean-Yves Le Gallou: La Préference Nationale
(Die nationale Vorrangigkeit)

Jean-Claude Martinez: L'Europa Folle
(Verrücktes Europa)

Jean-Marc Brissaud: L'Europe face à Gorbatchev (Europa im Angesicht Gorbatschows)

Roger Holeindre: Aux Larmes Citoyens
(Weint Ihr Bürger)

Jacques Bompart: France, ton agriculture doit vivre
(Frankreich, Deine Landwirtschaft muß leben)

Jean-Pierre Stirbois: L'Avenir nous appartient
(Die Zukunft gehört uns)

Jean-Marie Le Pen

EUROPE

DISCOURS ET INTERVENTIONS
1984 - 1989

G.D.E.

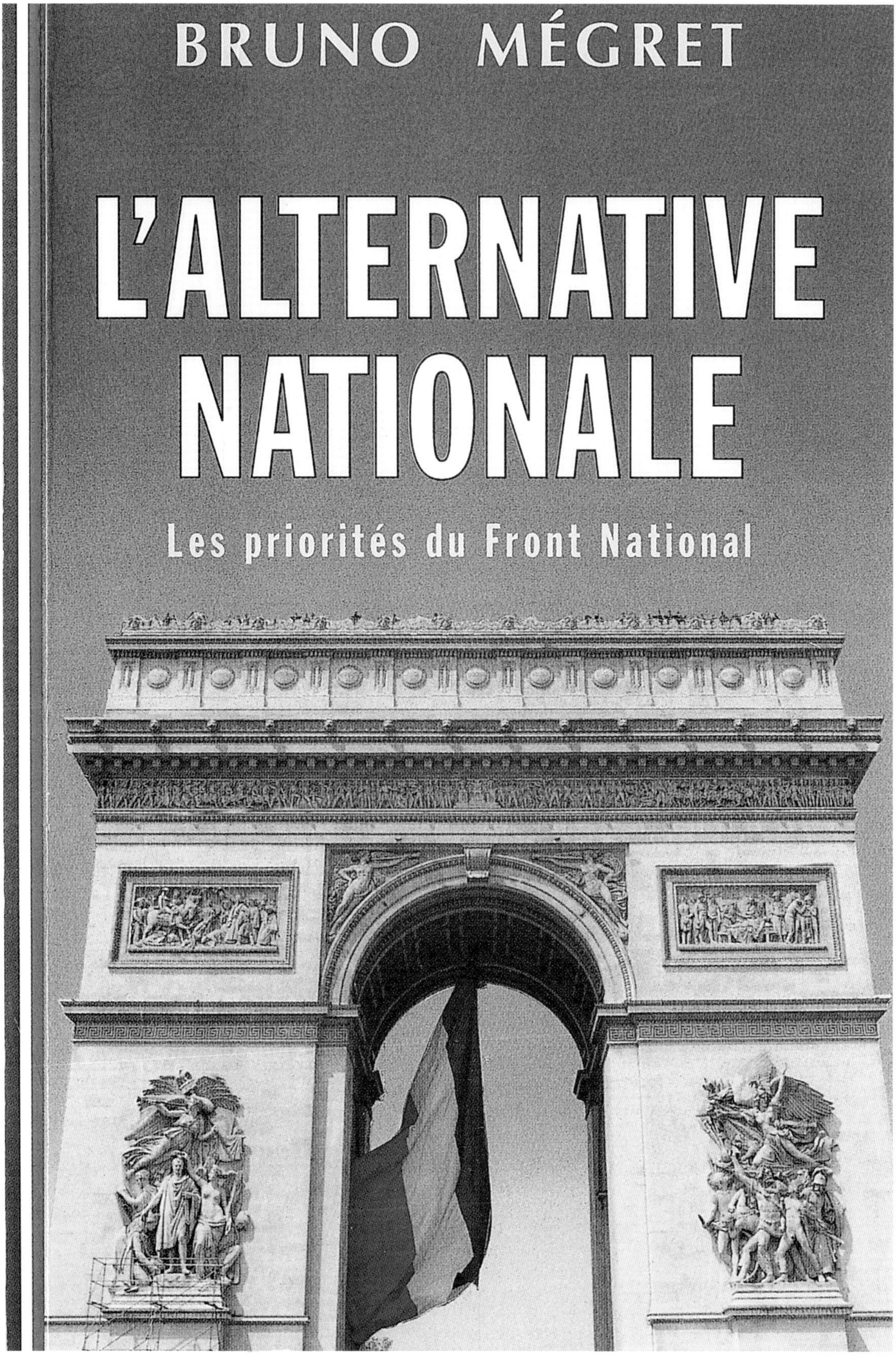
BRUNO MÉGRET
L'ALTERNATIVE NATIONALE
Les priorités du Front National

Yvan BLOT
L'HÉRITAGE D'ATHÉNA
LES RACINES GRECQUES
DE L'OCCIDENT
Éditions Les Presses Bretonnes

Samuel Maréchal
Ni droite,
ni gauche ...
Français
Contre la pensée
unique
L'autre politique
Préface d'Antoine Gaudino
ALIZÉS

PIERRE MONNIER
LE PEN, LE PEUPLE
ET LA PETITE FILLE ESPÉRANCE
EDITIONS
NATIONALES

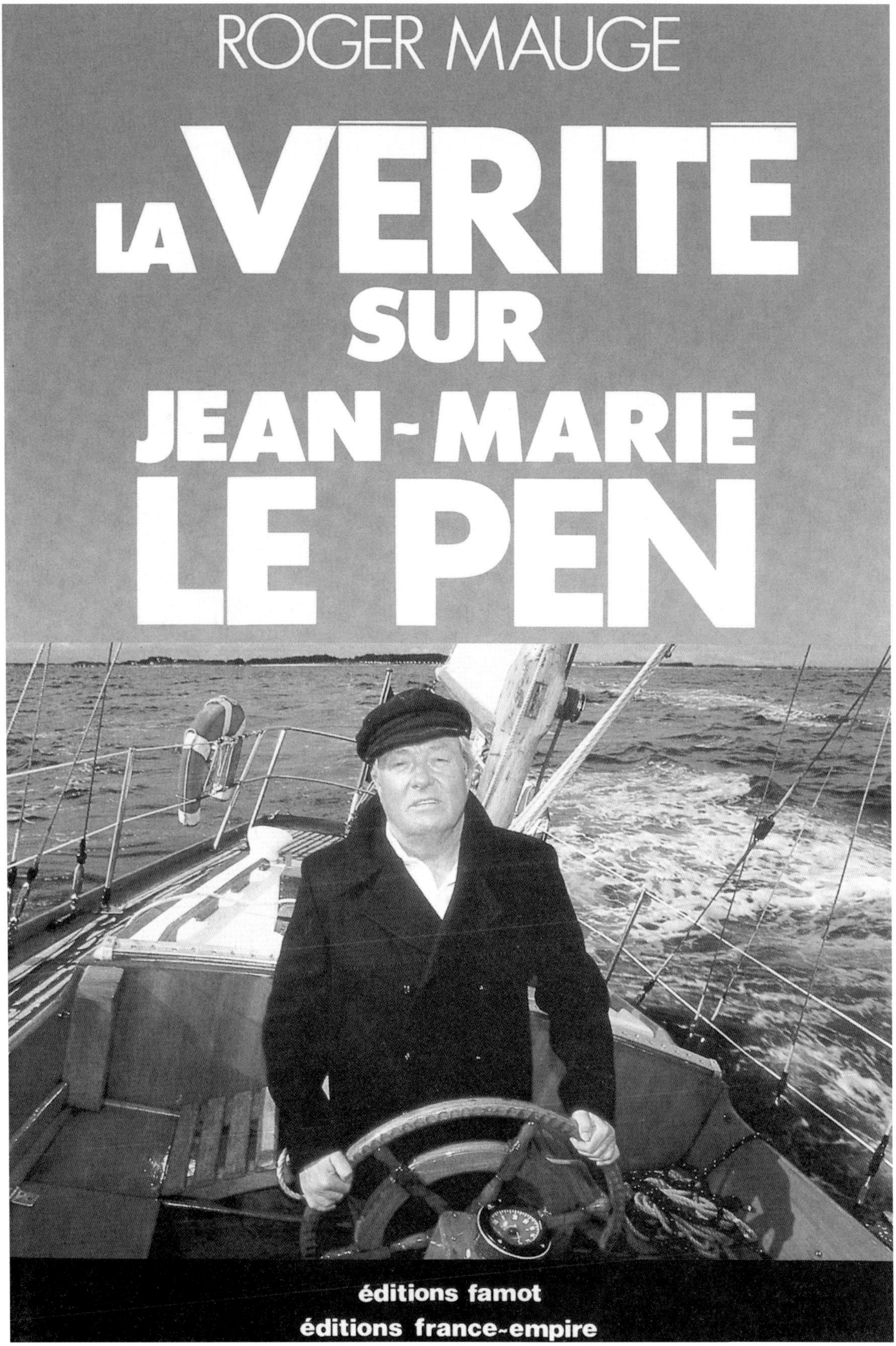
ROGER MAUGE
LA VÉRITÉ SUR JEAN-MARIE LE PEN
éditions famot
éditions france-empire

FRANÇAIS PASSIONNÉMENT !
EDITIONS NATIONALES
LA VIE DE JEAN-MARIE LE PEN
EN BANDE-DESSINÉE par FRANK

Auch mit gängigen Comics versucht man Wähler zu erreichen.

Zusammenfassung der wichtigsten Programmpunkte unter dem Gesichtspunkt der nationalen Präferenz in allen Lebensbereichen

Rückführung der Einwanderer aus der Dritten Welt

Dazu gehören: Abschaffung der Aufenthaltsberechtigungs-Ausweise mit stillschweigender zehnjähriger Verlängerung.
Rückführung der arbeitslosen Ausländer nach Ablauf ihrer Anspruchsberechtigung.
Unterzeichnung zweiseitiger Verträge zur Rücknahme.
Vergabe der Stipendien an ausländische Studenten mit Auflage der Rückkehr.
Ausweisung der Illegalen.
Schaffung von überwachter und kontrollierter Unterbringung.
Anmieten von Schiffen und Charterflugzeugen für die Rückführung.
Ausweisung der Verbrecher noch vor Ende der Haftstrafe.
Bestrafung bei Verweigerung, seine Personalien und Staatsangehörigkeit bekanntzugeben.
Aufspüren der Illegalen durch Personenkontrollen in den Ausländervierteln und öffentlich zugänglichen Plätzen.

Todesstrafe

Todesstrafe für Mörder, Terroristen und Rauschgiftbosse.

Gerichts- und Rechtswesen

Materielle wie moralische Aufwertung des Rechtswesens und Reform des höchsten Gremiums des Richterstandes.

Arbeitslosigkeit

Vorrangige Beschäftigung der Franzosen, Sondersteuer für jene Firmen, die Ausländer beschäftigen.

Soziales

Verminderung der Abgaben und der Lohnsteuer, Anspruch auf Mindestlohn allein für Franzosen, Aufhebung des Monopolanspruches der etablierten Gewerkschaften.

Familienpolitik

Mutterschaftsgehalt für französische Mütter.
Abschaffung der derzeitigen Abtreibungsgesetzgebung.

Unterbringung und Wohnungsmarkt

Vorrangigkeit für französische Familien im Wohnungsbau.
Möglichkeiten für französische Mieter von Sozialwohnungen, diese als Eigentum zu erwerben.
Sonderprämien zum Erwerb von Eigentum für junge Familien.
Zuweisung von 0,1% jener Steuer, die die Unternehmen für Einwanderer zahlen, um den Wohnungsbau für französische Familien zu fördern.

Gesundheitswesen

Getrennte Kassenführung für Franzosen (oder Europäer) und Ausländer.
Entschlossene Bekämpfung der AIDS-Seuche durch systematische Vorbeugeuntersuchungen und Schaffung von Spezialkrankenhäusern, sowie wirkungsvolle Bekämpfung von Krebs, Alkoholismus und Tabaksucht.

Erziehungswesen

Beobachtung strengster Neutralität im staatlichen Erziehungswesen.
Verbot des Tragens des „Tschador", des muselmanischen Schleiers.
Beseitigung der Politisierung der Lehr- und Lernmittel und des Schulwesens.
Verbesserter Unterricht in Geschichte, bei der Vermittlung des kulturellen Erbes, in der Rechtschreibung und Sprachlehre, die die Grundlagen einer echten nationalen Erziehung darstellen.

Wirtschaft

Herabsetzung der steuerlichen und sozialen Belastungen, um Einstellungen zu erleichtern und die Wettbewerbsfähigkeit der Unternehmen zu bewahren.
Verminderung der staatlichen Ausgabenpolitik.
Reformen des Steuerwesens auf örtlicher und nationaler Ebene.
Breite Vermögensstreuung durch die Ausgabe von Aktien von zu privatisierenden Staatsbetrieben an französische Familien.
Unterbindung der steuerlichen Belastungen von Ehepaaren.

Landwirtschaft

Infragestellung der industriell betriebenen Landwirtschaft und Förderung der natürlichen Landwirtschaft.
Schutz und Verteidigung des Familienbetriebes.
Schutz des ländlichen Lebens.
Bekämpfung der Verödung und Landflucht.
Abschaffung der Quotenregelung.
Schutz und Verteidigung der französischen Erzeugnisse gegenüber „wilden Einfuhren".

Umwelt

Achtung vor dem Leben, vor der Natur und vor dem Tier.
Schutz der Bevölkerung vor atomarer Gefährdung, chemischer Gefährdung, sowie vor industrieller wie landwirtschaftlicher Umweltverschmutzung.
Aufwertung der städtischen Randgebiete.
Verteidigung des natürlichen, architektonischen und kulturellen Erbes.

Politische Einrichtungen

Bekämpfung der Interessengruppen, sowie des Filzes der etablierten Parteien, Gewerkschaften und Vereinigungen.
Erweiterung des Instrumentes der Volksabstimmungen und Einführung von Volksabstimmungen „von unten", um es den Franzosen zu ermöglichen, sich zur Einwanderung, zur Reform des Staatsangehörigkeitsgesetzes, der vorrangigen Beschäftigung von Franzosen, zur Todesstrafe und zum Schulwesen zu äußern.
Wiederherstellung der Rechte und Vorrechte des Parlaments.

Freiheiten

Verteidigung der Grundfreiheiten im Erziehungswesen, in der Forschung, in den Unternehmen, in der Arbeitswelt und in den Medien.
Sicherung des Rechts der freien Meinungsäußerung und Abschaffung aller die Freiheit einschränkenden Gesetze .
Moralisierung der öffentlichen Debatten, Bekämpfung des Wahlbetruges sowie der undurchsichtigen Finanzierung der politischen Parteien und Gewerkschaften.

Europa

Für ein Europa der Vaterländer.
Sicherung und Abschottung der europäischen Außengrenzen gegen die Einwanderung aus den Ländern der Dritten Welt.
Gemeinsame Politik gegen „wilde Einfuhren", die unsere Industrie und unsere Landwirtschaft bedrohen.
Schaffung einer eigenständigen europäischen Verteidigungsstreitmacht im Rahmen einer erneuerten Allianz.
Entwicklung gemeinsamer europäischer Forschungsvorhaben vor allem im Bereich der Weltraumforschung.

(Zusammenstellung / teilweise aus Verlag Germania/DAGD)

Zwei Gespräche mit Jean-Marie Le Pen 1986 und 1996

B 21113 E

Deutsche Monatshefte

für Kultur und Geschichte, Politik und Wirtschaft

„Wir haben kein Vertrauen zu Chirac"

Anläßlich einer politischen Kundgebung im sizilianischen Cefalu im Frühsommer 1986 führte Dr. Gert Sudholt ein Gespräch mit dem französischen Oppositionspolitiker Jean-Marie Le Pen für die damals erscheinenden „DEUTSCHEN MONATSHEFTE".

Dr. Sudholt: Die Eurodestra-Gruppe des Europäischen Parlamentes in Straßburg hat in Palermo eine Tagung durchgeführt. Wer gehört dieser Fraktion an?

Le Pen: Die wichtigste Partei ist die Nationale Front (FN) in Frankreich mit 10 Abgeordneten, dann kommt die italienische MSI mit 5 Abgeordneten und schließlich die griechische EPEN mit einem Abgeordneten.

Dr. Sudholt: Wo lagen die Schwerpunkte der Tagung und was sind die Ergebnisse?

Le Pen: Wir haben Palermo ausgewählt, weil es sich um einen wichtigen geographischen Ort innerhalb des Mittelmeerraumes handelt, der von besonderer Bedeutung ist. Und wir wollten die europäischen Probleme in der Welt des Mittelmeeres studieren. Unsere Schwerpunkte sind die Verteidigung Europas und die dazu gehörende Strategie.

Dr. Sudholt: Wodurch unterscheidet sich die Eurodestra-Fraktion von den liberalen und den christlich-demokratischen Fraktionen im Europäischen Parlament?

Le Pen: Es handelt sich natürlich um verschiedene politische Gruppierungen. Darüber hinaus gibt es einen sehr konkreten politischen Unterschied: Wir stimmen nie mit den Kommunisten und Sozialisten ab, während die liberalen und christlich-demokratischen Fraktionen in 80% der Fälle mit den Kommunisten und Sozialisten votieren. Sie fassen sogar oft gemeinsame Entschließungen, und wir waren davon völlig ausgeschaltet.

Dr. Sudholt: Wie steht die Eurodestra zur Europäischen Integration und zum Europa der Völker?

Le Pen: Wir hatten unseren Wahlkampf unter das Wort „Das Europa der Vaterländer" gestellt. Wir sind der Meinung, daß man Patriot sein kann und Patriot sein muß, um ein guter Europäer zu sein.

Dr. Sudholt: Ist Ihrer Auffassung nach eine dauerhafte europäische Einigung ohne den Osten und Südosten Europas möglich?

Le Pen: Einmal kann man niemanden zwingen, Europa anzugehören. Als wir jedoch in das Europa-Parlament gewählt wurden, haben wir behauptet, daß die Länder Osteuropas ein integrales Recht haben, an der europäischen Einigung teilzunehmen, sobald die militärische und polizeiliche Besetzung durch die Sowjetunion und die Kommunisten geregelt ist. Sowohl der Front National als auch ich persönlich haben einen Abgeordneten für unsere Liste ausgewählt, der rumänischer Abstammung ist. Es handelt sich um Herrn Pordea. Dies zeigt, daß sowohl Rumänien als auch die Tschechoslowakei, Ungarn, die DDR und Jugoslawien eine europäischen Option haben, wie auch Österreich und die Schweiz, sobald sie ihre Entscheidungsfreiheit gewonnen haben. Europa ist geographisch, geschichtlich und kulturell zu definieren. Ich bin der Meinung, daß die genannten Länder die zahlreichen Bedingungen, die notwendig sind und ausreichend sein müssen, sich erworben haben, um zu einer nationalen Gemeinschaft im Rahmen Europas zu gehören.

Dr. Sudholt: Sie sind nicht nur der Vorsitzende der Eurodestra-Fraktion im Straßburger Parlament, sondern vor allem Vorsitzender des Front National in Frankreich. Ihre Partei hat im Frühjahr 1986 einen spektakulären Wahlerfolg errungen. Sie haben 14 Jahre dafür gekämpft.

Le Pen: Viel länger. Ich war schon vor 30 Jahren Abgeordneter in der Nationalversammlung und kämpfe für meine politischen Ideen seit meinem 16. Lebensjahr. Lassen Sie mich einen Vergleich ziehen. Sie wissen sehr wohl, was bei einem Ausbruch eines Vulkans passiert. Da gibt es Vorgänge, die die Zuschauer sehen, das wichtigste aber geschieht im Inneren der Erde. Das gleiche gilt für die Politik. Unsere geistigen Strömungen, unsere Ideen gab es schon vor unserem Wahlerfolg. Man sah sie nicht, es war sehr schwer, sie erscheinen zu lassen und dies wegen des französischen Mehrheitswahlsystems. Es handelt sich um ein ungerechtes System, das die Wirklichkeit des politischen Spektrums nicht richtig darstellt. Es ist nur ein System, das die bestehenden Herrschaftsstrukturen fördert, solange es das Land hinnimmt. Eines Tages aber wird das Land das System los.

Dr. Sudholt: Die französische nationale Rechte hat in den Nachkriegsjahren bis jetzt wenig Erfolge gehabt. Sehen Sie in der Ablösung der Generationen eine wesentliche Ursache für den Aufstieg des FN?

Le Pen: Unsere populistische Strömung gab es schon immer, aber sie wurde rechtswidrig von den politischen Apparaten und in nationalen Wahlkampagnen von sozialistischen Politikern unterdrückt.

Dr. Sudholt: Sie sind jetzt im Parlament. Werden Sie nun für oder gegen Ministerpräsident Chirac agieren?

Le Pen: Wir gehören zwar zur Opposition gegen die Regierung Chirac, aber er als erster hat uns aus dem politischen Leben verbannt. Darüber hinaus haben wir überhaupt kein Vertrauen zur Regierung Chirac, und wir sind jetzt schon überzeugt, daß es zu einem Verfall, zu einem Mißerfolg kommt.

Dr. Sudholt: Chirac will eine Wahlrechtsreform, die die Gaullisten begünstigen kann. Wie ist Ihre Partei davon betroffen?

Le Pen: In den meisten Fällen der Geschichte hat man gesehen, daß Wahlsysteme, die künstlich und nur aus Wahlpropagandagründen hergestellt waren, am Ende ihre Verfasser nicht begünstigt und ihnen nicht geholfen haben.

Dr. Sudholt: Wie steht Ihre Partei zu einer Demokratiereform? Neigt sie eher zu einer Präsidial-Demokratie oder zur direkten Demokratie?

Le Pen: Auf der Ebene der Initiatoren sind wir für eine Präsidialdemokratie. Wir wollen eine Nationalversammlung, die durch das Verhältniswahlrecht gewählt wird. Der Präsident sollte die Nationalversammlung nicht auflösen können; die Nationalversammlung andererseits sollte die Regierung nicht stürzen können. Aber dieses Parlament sollte eine sehr starke Kontrolle auf die Regierung ausüben. Wir sind darüber hinaus für eine Verbreiterung der Möglichkeiten von Volksabstimmungen wie dies zum Beispiel in der Schweiz und in Kalifornien der Fall ist. Dort werden häufig Volksentscheide durchgeführt.

Dr. Sudholt: De Gaulle hat das französische Kolonialreich liquidiert und dennoch Marschall Pétain nicht rehabilitiert. Wie stehen Sie dazu?

Le Pen: Meiner Auffassung nach gibt es keine Verbindung für die beiden Fragenkomplexe.

Die Kolonialzeit wäre mit oder ohne De Gaulle zu einem Ende gekommen. Aber das Ende des Kolonialismus bedeutete nicht das Ende von Armut und Unordnung. Das sieht man tagtäglich in der ehemaligen kolonialen Welt. Dies bedeutet, daß die Ursache dieser Armut nicht das koloniale System an sich war. Das Kolonialsystem war vielleicht ein Heilmittel, selbst wenn es keine perfekten Heilmittel gibt.

Dr. Sudholt: Mit der Auslieferung Klaus Barbies hat die Vergangenheit Frankreich eingeholt. Wie stehen Sie beziehungsweise Ihre Partei zur Problematik der Kollaboration?

Le Pen: Barbie ist vielleicht nicht das beste Beispiel für jene Zeit. Wir sind der Meinung, daß es in der Geschichte und Kultur der Völker immer eine gewisse Zeit braucht, bis Kriege vergessen werden. Wir vertreten daher die Auffassung, daß Verjährung nach 30 Jahren eine sehr vernünftige Sache ist. Die Geschichte hat dies mehrfach bewiesen. Darüber hinaus muß man sich nicht nur auf Barbie konzentrieren, sondern auf seine Vorgesetzten, den SS-General Oberg, den Chef der Sicherheitsdienste in Frankreich, und seinen Gehilfen Oberst Knochen. Beide wurden von De Gaulle begnadigt; deshalb ist es sehr schwierig, die ganze Problematik der Kollaboration auf Barbie abwälzen zu wollen, der ein einfacher Hauptmann war.

Dr. Sudholt: Können Sie mir abschließend ganz kurz Ihre Haltung zur Elsaß-Frage, die für uns Deutsche, insbesondere für die nationalen Kräfte in der Bundesrepublik nicht unwesentlich ist, erläutern?

Le Pen: Elsaß ist mehr ein Bindeglied zwischen Deutschland und Frankreich, denn ein Zankapfel. Die Epoche der territorialen Forderungen ist seit langer Zeit vorbei und am Ende des 20. Jahrhunderts sind die Fragen, die Europa betreffen, die gleichen, die Elsaß betreffen: Werden sie im Jahre 2000 noch als freie Nationen leben und werden wir schlicht und einfach noch existieren?

Dr. Sudholt: Eine letzte Frage, ein bekannter französischer Publizist sagte einmal, er habe Deutschland so gerne, daß er sich freue, daß es davon zwei gäbe. Wie steht der Front National zur deutschen Frage?

Le Pen: Wir glauben, daß der Aufbau Europas eine Lösung wäre für die zahlreichen Probleme, die derzeit unter den gegenwärtigen Bedingungen ohne Lösung bleiben. Natürlich – und das ist klar für uns – gibt es kein mögliches Europa ohne Deutschland und ich möchte sagen, ohne die beiden deutschen Staaten.

Aus: Deutsche Monatshefte 7/86

DER SPIEGEL

Zwei zähnefletschende Dobermänner stürzten den SPIEGEL-Redakteuren Lutz Krusche und Romain Leick entgegen, als sie am Gartentor des französischen Politikers Jean-Marie Le Pen klingelten. Die Frage, ob diese scharfen Typen vielleicht sogar beißen, wurde von der Empfangsdame der Pariser Villa sehr allgemein beantwortet: „Nur, wenn man sie ärgert." Den SPIEGEL-Leuten lag so etwas natürlich fern, und nach Passieren eines mit Stacheldraht bewehrten Zauns sowie einer Kontrollkamera kam es zum SPIEGEL-Gespräch mit Le Pen, dessen rechte Front National beträchtlichen Zulauf hat. Auf Gewalt ist dieser Politiker jederzeit eingerichtet: Rassenspannungen in Frankreich, so Le Pen, könnten sogar einen Bürgerkrieg auslösen – „unbedingt".

„Ich bin ein Rebell"

Der Chef des Front National, Jean-Marie Le Pen, über Rassismus, Einwanderer und die Krise in Frankreich

SPIEGEL: Monsieur Le Pen, sind Sie ein eingefleischter Rassist, ein Antisemit und ein Ausländerfeind?

Le Pen: Na hören Sie mal, das sind totale Diffamierungen.

SPIEGEL: Premierminister Alain Juppé höchstpersönlich hat Sie so beurteilt.

Le Pen: Dazu hat ihn sicherlich Staatspräsident Jacques Chirac angestiftet: Juppé hat sich diese abgefeimte Lüge in einer Rede vor 300 Jugendlichen geleistet – eine flagrante Mißachtung des Verfassungsprinzips der Laizität, das auch Politik an staatlichen Schulen verbietet.

SPIEGEL: Gibt es im Front National Araber, Schwarze und Juden?

Le Pen: Ich bin kein Rassist. Ich war der erste, der 1957 bei Pariser Ratswahlen einen Algerier auf seiner Liste präsentierte. Als ich zum erstenmal Abgeordneter wurde, war die Nummer zwei auf meiner Liste ein Schwarzer aus Martinique. Ja, bei uns im Front National machen Araber, Moslems, Schwarze und auch Juden mit.

SPIEGEL: Wieso beschwören Sie dann ständig die Gefahr einer angeblichen Invasion von Einwanderern?

Le Pen: Verantwortlich für das Drama der Immigration sind nicht die Einwanderer selbst, sondern französische Politiker. Ich schüre keinen Haß gegen Fremde, das habe ich nie im Leben getan. Die schwarzen Hausangestellten, die meine Enkelkinder betreuen, wären wohl kaum 13 Jahre in meiner Familie geblieben, wenn ich Rassist wäre. Bei unserem letzten Volksfest hatten wir sogar einen Pygmäen in Stammestracht auf der Ehrentribüne.

SPIEGEL: Aber Sie glauben an die „Ungleichheit der Rassen", wie Sie neulich öffentlich erklärten.

Le Pen: Ich bitte Sie: Daß nicht alle Rassen gleich sind, ist eine Selbstverständlichkeit – das ist doch keine ideologische Aggression gegen irgend jemanden. Die Tatsache, daß es unterschiedliche Rassen gibt, wird ja sogar in unserer Verfassung anerkannt.

SPIEGEL: Mit der Maßgabe, niemanden wegen seiner Rasse zu diskriminieren. Sie haben nicht von Unterschieden, sondern von Ungleichheit gesprochen. Gibt es für Sie eine Hierarchie der Rassen?

„Franzosen zuerst"

lautet der Slogan, mit dem sich der Führer des Front National (FN), Jean-Marie Le Pen, 68, als „einzige Alternative" zu den etablierten Parteien empfiehlt. Der Populist nutzt mit demagogischem Geschick Bürgerängste vor Einwanderern und Job-Verlust und machte so seine Organisation zur drittstärksten Kraft: 51 Prozent der Franzosen fühlen sich „gewissen Ideen" des FN nahe; 69 Prozent sprachen sich gegen ein Verbot der Partei aus, selbst nachdem Le Pen mit seiner These von der „Ungleichheit der Rassen" für Aufruhr gesorgt hatte.

Le Pen: Da müßte man erst einmal definieren, was eine Rasse ausmacht und was man vergleicht. Es ist wohl klar, daß ein analphabetischer Eskimo einem europäischen Literaturnobelpreisträger weit überlegen ist, wenn es gilt, im Packeis einen Bär zu erlegen. Die besten Sprinter bei Olympischen Spielen sind Schwarze, die besten Schwimmer Weiße. Ist es verboten, illegal oder unmoralisch, derlei Unterschiede festzustellen? Als Humanist und Christ versichere ich Ihnen, daß ich an die Gleichheit der Würde aller Menschen glaube.

SPIEGEL: Und auch daran, daß alle gleiche Rechte haben?

Le Pen: Selbstverständlich, ebenso wie gleiche Pflichten.

SPIEGEL: „Die Franzosen zuerst", lautet der wichtigste Slogan des Front National. Das bedeutet doch wohl mehr Rechte für die Einheimischen.

Le Pen: Lassen Sie mich ganz offen sein: Ja, es gibt eine diskriminierte Rasse in diesem Land, deren Rechte beschnitten werden und der die Achtung versagt bleibt. Das sind die Franzosen vom alten Schrot und Korn, jene Millionen von Arbeitern, Bauern, Händlern, Handwerkern, die an der Tradition ihrer Väter hängen und in ihrer Heimat heute wie Parias behandelt werden.

SPIEGEL: Wie denn das?

Le Pen: Frankreich ist ein Land geworden mit sechs Millionen Arbeitslosen, mit vier Millionen Verbrechen und Delikten im Jahr, ein Land, in dem jede achte Familie unterhalb der Armutsgrenze lebt und Schulkinder von ihresgleichen erpreßt werden. All das drücke ich aus. Stünden die Dinge besser, ginge Le Pen in Rente.

SPIEGEL: Und die Schuld daran geben Sie den Ausländern.

Le Pen: Nein, noch mal: Die Schuld liegt bei den Politikern, welche die Einwanderung gefördert haben, um eine Reservearmee billiger Arbeitskräfte zu schaffen, aber ohne die entsprechenden wirtschaftlichen und sozialen Vorkehrungen zu treffen. Ich halte es für normal, daß die Einheimischen mehr Rechte als zugewanderte Ausländer haben; schließlich treten sie das Erbe von Menschen an, die für sie gearbeitet, gekämpft und gelitten haben. Es ist ihre Pflicht – und nach dieser Moral haben wir über Jahrhunderte gelebt –, dieses Erbe an ihre Kinder weiterzureichen. Die Väter und Großväter der jungen Algerier von heute haben mit der Waffe in der Hand für das Recht auf einen eigenen Staat gekämpft. Statt zu uns zu kommen, sollten die Kinder und Enkel zu Hause am Aufbau der eigenen Nation mitarbeiten. Diese Gesellschaft mit ihrem Rassengemisch und der sozialen Gleichmacherei wird immer mehr Elend und am Ende sogar Tote produzieren.

SPIEGEL: Sie glauben im Ernst, daß Rassenspannungen in Frankreich einen Bürgerkrieg auslösen könnten?

Le Pen: Unbedingt.

SPIEGEL: Nehmen wir einmal an, Sie kämen an die Regierung. Würden Sie dann wirklich Hunderttausende von Einwanderern abweisen?

Le Pen: Aber sicher doch. Wir würden uns diese Politik per Referendum bestätigen lassen. Frankreich hat nicht die Mittel, Einwanderungen zu dulden oder zu ermuntern. Als erstes müssen die aberwitzigen Sozialleistungen gestrichen werden, die wie riesige Pumpen die Immigranten ansaugen. Und solange es Arbeitslose gibt, müssen Arbeitsplätze vorrangig an Franzosen vergeben werden.

SPIEGEL: Wohin wollen Sie diese Menschen schicken?

Le Pen: Entweder zurück in ihre Heimatländer oder meinetwegen in jene Staaten, die sie sicher mit offenen Armen empfangen werden, schon um Monsieur Le Pen eine Lektion zu erteilen: Deutschland, Italien, Spanien, Großbritannien, USA, Kanada – vielleicht auch Chile oder Brasilien, wer weiß?

SPIEGEL: Solche Ausfälle sind Ihr Markenzeichen, sie nutzen Ihnen, festigen aber auch die Abwehrfront gegen Sie.

Le Pen: Üble Streitereien werden nur von Leuten begonnen, die Le Pen vor aller Öffentlichkeit das schreckliche Verbrechen des Rassismus anhängen möchten. Dann braucht es nicht mehr viel, um ihn in die Nähe Hitlers, der Nazis und der Konzentrationslager zu rücken. Diese ewige Debatte, die mit dem Ende des Zweiten Weltkriegs hätte abgeschlossen werden müssen, beweist nur, daß Sektiererei und politische Korrektheit eine Art religiöser Tabus schaffen. Unsere Verfassung garantiert aber Meinungsfreiheit, und ich weiche keiner Frage aus.

SPIEGEL: Ihre Bemerkung von vor neun Jahren, die Gaskammern in Auschwitz seien lediglich ein Detail in der Geschichte des Zweiten Weltkriegs gewesen, ist unvergessen.

Le Pen: Wenn Sie die Geschichte des Zweiten Weltkriegs auf 2000 Seiten niederschreiben, dann machen Deportationen und KZ fünf Seiten aus und die Gaskammern vielleicht 20 Zeilen. Man muß schon wirrköpfig oder pervers sein, um diese Bemerkung als herabsetzend zu empfinden.

SPIEGEL: Keineswegs, denn Sie erwecken den Eindruck, die Einmaligkeit des Holocaust zu leugnen.

Le Pen: Jeder sieht Dramen von seinem Kirchturm aus. Mein Vater wurde durch eine deutsche Mine getötet, andere Verwandte verlor ich durch Bombenangriffe der Alliierten. Der Zweite Weltkrieg hat Dutzende Millionen Opfer gefordert. Für die einen war das Schlimmste die Deportation, für andere waren es Flächenbombardements oder das Massensterben durch Hunger und Kälte.

SPIEGEL: Sie relativieren Auschwitz, indem Sie den Völkermord an den Juden gegen andere Kriegsgreuel aufrechnen. In Deutschland ist darum ein Historikerstreit geführt worden.

Le Pen: In der schrecklichen Tragödie des Kriegs gab es einen einzigartigen Tatbestand: die Deportation und Ermordung von Juden und Widerstandskämpfern durch die Nazis. Aber das währte höchstens vier Jahre. Das viel größere Verbrechen der sowjetischen Gulags zog sich über Jahrzehnte hin und hat Millionen das Leben gekostet. Millionen sind auch in chinesischen Lagern umgekommen, es hat furchtbaren Völkermord in Kambodscha oder Vietnam gegeben. Alle diese Verbrechen haben nie dieselbe Beachtung gefunden, wie die Judenvernichtung: das ist eine Art Monokultur, die mich schockiert.

SPIEGEL: Bedauern Sie rückblickend Ihre Äußerungen von 1987 über die Gaskammern?

Le Pen: Ich habe damals gesagt, daß es mir leid täte, wenn ich jemandem weh getan hätte. Aber das hat niemand zur Kenntniss nehmen wollen. Ich halte mich für einen freien Mann, ich beuge mich nicht dem intellektuellen Konformismus. Ich habe das Temperament eines Rebellen, ich bin eben Jean-Marie Le Pen.

SPIEGEL: Justizminister Jacques Toubon hat jetzt ein Gesetz gegen rassistische Äußerungen vorgelegt. Eine Lex Le Pen?

Le Pen: Natürlich. Damit will man mir den Mund verbieten und dem Front National den Weg versperren. Es ist ein verbrecherisches Gesetz, das der Verfassung widerspricht. Manche in der Regierung wollen sich gern die Robe von Antoine Quentin-Tinville überwerfen…

SPIEGEL: ...der Chefankläger am Revolutionstribunal während der Schreckensherrschaft bis 1794 war ...

Le Pen: ...und der gesagt hat: Gebt mir einen Satz, von wem auch immer, ich werde den Urheber deswegen aufs Schafott bringen.

SPIEGEL: Für Ihre Auschwitz-Reflexionen sind Sie bestraft worden, auch ohne neues Gesetz.

Le Pen: Ja, 1,4 Millionen Francs, zahlbar an Anti-Rassismus-Organisationen und jüdische Verbände. Der Richter hätte mir auch 14 oder 140 Millionen aufbrummen können, um mir einen Maulkorb anzulegen und mich so zu ruinieren, daß ich unter den Seine-Brücken gelandet wäre.

SPIEGEL: Nun hat das alles Ihren Aufstieg nicht stoppen können. Die Parlamentsparteien von Gaullisten über Sozialisten bis Kommunisten wollen nicht anerkennen, was die Wahlen ständig belegen: Der Front National spielt inzwischen in der höchsten Liga mit.

Le Pen: Das liegt daran, daß sich unsere politische Analyse und die vorherrschende Meinung der Franzosen einander stetig annähern. Seit 20 Jahren predigen wir, daß Frankreich auf bestimmten Gebieten Gefahren drohen: Immigration, Kriminalität, Korruption, Arbeitslosigkeit, Steuerpolitik, moralische Permissivität, Geburtenschwäche.

SPIEGEL: Das sind ja nun nicht exklusive Entdeckungen des Front National.

Le Pen: Die Rechts- oder Linksregierungen haben gleichermaßen den Franzosen die Augen dafür geöffnet, daß die herrschende Kaste unfähig ist, die Probleme zu lösen. Da ist es logisch, daß die Wähler der Partei zuströmen, die ihre Meinung vertritt. Le Pen spricht laut aus, was die Franzosen im stillen denken.

SPIEGEL: Genau das macht Ihre demagogische Kunst aus. Sie beuten Ängste aus, ohne Antworten zu geben.

Le Pen: Ich gebe sehr wohl Antworten. Wer hat das Recht, den Wert meiner Antworten zu beurteilen? Etwa meine Gegner? Oder Sie?

SPIEGEL: Der frühere sozialistische Premier Laurent Fabius hat gesagt: Le Pen stellt richtige Fragen, gibt aber falsche Antworten.

Le Pen: Warum gibt Fabius dann nicht die richtigen Antworten? Wir waren in Frankreich nie an der Macht, deswegen sind wir auch nicht verantwortlich für die Misere. Es ist leicht, Lösungsvorschläge falsch zu nennen. Das zu beurteilen ist aber nicht Sache der Gelehrten, Forscher und Philosophen, sondern allein Sache des Volkes.

SPIEGEL: Das Volk kann auch dem falschen Retter nachlaufen, vor allem, wenn es zornig ist.

Le Pen: Es ist eine stumme Wut, weil sich die Franzosen nur selten, nur bei Wahlen äußern können und die Bedeutung des Parlaments in Frankreich zudem gleich Null ist. Man geht nicht zum Arzt, wenn man sich wohlfühlt. Ich verkörpere für einen großen Teil der öffentlichen Meinung Schmerz, Leiden, Zorn, Aufbegehren.

SPIEGEL: Neben den Einwanderern machen Sie den Vertrag von Maastricht für Frankreichs Krise verantwortlich. Bringt Ihr französischer Nationalismus Sie in Stellung gegen Europa?

Le Pen: Überhaupt nicht. Ich bin nur gegen die Währungsunion. Der Widerstand dagegen wächst überall, in Frankreich, in Deutschland; die Maastricht-Gegner sollten zusammenarbeiten, um das Projekt zu stoppen.

SPIEGEL: Bewegt sich Frankreich zu sehr im Schlepptau der Deutschen?

Le Pen: Ja, aber gleichzeitig hängen die Deutschen zu sehr an Amerika. Deutschland ist der erste Waggon, wir sind der zweite. Ich halte die Vereinigung Europas – als Vorstufe zur allgemeinen Globalität – für eine Utopie. Ich bin für ein Europa der Nationen.

SPIEGEL: Ein Slogan des Generals de Gaulle.

Le Pen: Wahrscheinlich bin ich der letzte Gaullist der französischen Politik.

SPIEGEL: Das wird der gaullistische Staatschef Chirac nicht gern hören.

Le Pen: Wie de Gaulle trete ich für ein starkes, stolzes und unabhängiges Frankreich ein. Ich war oft gegen de Gaulle, vor allem in der Algerienfrage, aber er war ein aufrechter Patriot. Es ist das Bild von de Gaulles Frankreich, das in der Welt respektiert wird.

SPIEGEL: Ihre Attacken auf die Regierung werden in letzter Zeit immer aggressiver. Sie sehen „die wurmstichigen Strukturen des Systems einstürzen", Sie haben Ihre junge Garde aufgerufen, die Revolution vorzubereiten. Wollen Sie eine andere Republik?

Le Pen: Die Revolution wird unabwendbar, deswegen habe ich meine Anhänger aufgerufen, sich darauf vorzubereiten. Das derzeitige System wird zusammenbrechen, weil die Herrschenden nicht umkehren können.

SPIEGEL: Erwarten Sie eine gewaltsame Explosion?

Le Pen: Eher eine Implosion. Das System geht an seiner Erstarrung zugrunde.

SPIEGEL: Sie haben Chiracs Rücktritt gefordert – mit dem Zusatz: „bevor es zu spät ist". Eine Drohung?

Le Pen: Einem Alkoholiker rate ich, mit dem trinken aufzuhören, bevor es zu spät ist. Tut er es nicht, stirbt er. Die Regierung von Präsident Chirac hält eine Mehrheit von 80 Prozent der Sitze in der Nationalversammlung, aber nur noch 25 Prozent der Bürger vertrauen ihr. Das ist das Zerrbild eines repräsentativen parlamentarischen Systems. Jacques Chirac ist nicht mehr in der Lage, die Versprechen einzuhalten, aufgrund derer er gewählt worden ist. Deshalb sollte er gehen.

SPIEGEL: Denken Sie an eine normale demokratische Ablösung oder an eine neue, die Sechste Republik?

Le Pen: Wir brauchen eine Sechste Republik. Die herrschenden Parteien erweisen sich als unfähig, unsere Probleme zu lösen. Es mangelt ihnen an Einfällen, an gutem Willen, sie sind korrupt. Frankreich ist ein Land der Privilegierten, ausgerechnet die Elite verlangt dem Volk immer neue Opfer ab. Diese Herren treten vor die Bürger und dozieren wie Professoren, die unumstößliche Wahrheiten verkünden. In *Le Monde* schrieb neulich ein Philosoph, es gebe in Frankreich einen einzigen Politiker, der nicht wie ein Oberlehrer rede...

SPIEGEL: ...und das sind Sie. Sie schreien und schimpfen.

Le Pen: Immer mehr Franzosen erkennen sich in mir wieder. Vielleicht hilft angesichts der offiziellen Bestrebungen, Politik auf eine Frage vermeintlicher Sachzwänge zu reduzieren, nur Protestgebrüll.

SPIEGEL: Bei aller Anerkennung Ihrer Erfolge: Noch sind Sie weit von der Machtergreifung entfernt. Derzeit bilden alle Parteien gemeinsam einen Wall gegen den Front National.

Le Pen: Die wollen doch nur ihre Stellungen absichern. Aber Dämme halten nicht ewig. Das Wasser staut sich, plötzlich bricht das Wehr, und die Flut reißt alles weg.

SPIEGEL: Glauben Sie wirklich, eine Chance zu haben, je die Regierung stellen zu können? Oder verfügen Sie nur über ein letztlich unsicheres Potential an Protestwählern?

Le Pen: Natürlich haben wir eine Chance. Früher kamen die anderen Parteien zusammen auf 100 Prozent. Heute schaffen sie, das haben jedenfalls die jüngsten Kantonalwahlen in Toulon gezeigt, nur noch 55 Prozent. Wenn sie auf 45 Prozent absinken, sind sie am Ende. Wir setzen auf die Jugend und die Vergessenen der Gesellschaft in den Vorstädten; sie finden hier bei uns Zuspruch und Geborgenheit.

SPIEGEL: Das war früher die Domäne der Kommunistischen Partei.

Le Pen: Ja, die KPF vermittelte einst diese Brüderlichkeit und Solidarität. Wir haben ihr viele Stimmen abgenommen, wir sind die erste Arbeiterpartei Frankreichs geworden. Die unteren Schichten wenden sich an den, der ihre Leiden anprangert. Sie pfeifen auf marxistische Analysen. Der für die Provence zuständige Geheimdienstchef hat mir gesagt: „Früher hatten die Marseiller Docker Konflikte mit den Arbeitgebern. Heute leben sie in Immigrantenvierteln, sind Opfer von Lärm und Überfällen, ihre Autos werden angezündet, in den Schulen regiert Gewalt. Deswegen wählen sie Le Pen."

SPIEGEL: Bei den Parlamentswahlen wird Ihre Partei in ungefähr 200 Wahlkreisen den Ausschlag geben zwischen einem rechten oder linken Kandidaten, wenn es zur Stichwahl kommt. Welche Empfehlung werden Sie in diesen Fällen geben?

Le Pen: Wichtiger ist, daß wir in etwa 250 Wahlkreisen selbst in die Stichwahl kommen. Dann ist alles möglich. Ein Beispiel: 1989 traute man der FN-Kandidatin Marie-France Stirbois in Dreux gerade 17 Prozent zu. Dann brach der Streit um die moslemischen Schulmädchen und ihre Kopftücher aus, und sie kam auf 43 Prozent im ersten Wahlgang. Alle anderen Parteien vereinigten sich gegen Stirbois, aber sie schlug diese Koalition in der Stichwahl mit 60 Prozent. Ernste Zwischenfälle vor den Wahlen 1998 werden unweigerliche Überraschungen hervorbringen.*

SPIEGEL: Sie hoffen auf Zwischenfälle?

Le Pen: Ich rede sie nicht herbei. Die Anti-Rassismus-Organisation Vereinte Vorstädte hat gewarnt: „Drogen und Waffen sind im Umlauf, Gewalt ist allgegenwärtig, der Staat hat sich zurückgezogen. Wir stehen vor einer Explosion." Tritt die ein, dann kommen Kandidaten des Front National leicht auf 63 Prozent.

SPIEGEL: Die französischen Bischöfe haben erklärt, daß Ihre Thesen unvereinbar seien mit dem christlichen Glaubensbekenntnis...

Le Pen: ...die Bischöfe sollen sich um Gott, Kirche und ihre Schäfchen kümmern, nicht um die Politik. Wenn sie schon moralische Werturteile abgeben, was ihr Recht ist, sollten sie sich an das Jesus-Wort halten: „Richtet nicht, auf daß ihr nicht gerichtet werdet."

SPIEGEL: Der Erzbischof von Paris, Kardinal Jean-Marie Lustiger hat Ihnen, einem praktizierenden Katholiken, empfohlen, sich zu bekehren.

Le Pen: Ich bin seit frühester Kindheit getauft, ich brauche mich nicht zu bekehren, da ich meiner Religion nie abgeschworen habe.

SPIEGEL: Monseigneur Lustiger wurde, wie jeder Franzose weiß, als Jude geboren. Sie sehen natürlich nichts Antisemitisches in Ihrer Erwiderung?

Le Pen: Aber nein doch. Wenn er Moslem gewesen wäre, hätte ich dasselbe gesagt. Ich bin nun mal nicht Ehrendoktor der Universität Princeton, sondern ein politischer Kämpfer.

SPIEGEL: Derzeit ist der Front National identisch mit seinem Führer Jean-Marie Le Pen. Könnte die Partei ohne den großen Patron überleben?

Le Pen: Das hoffe ich doch. Könnte sie es nicht, würde man mich wohl bald mit einer Kugel im Kopf auffinden.

SPIEGEL: Monsieur Le Pen, wir danken Ihnen für dieses Gespräch.

Aus: Der SPIEGEL 46/1996

(Mit freundlicher Genehmigung des SPIEGEL Verlages, Hamburg)

* Anmerkung des Verfassers: Le Pen hat den politischen Niedergang Chiracs vorausgesehen; die Linke ist heute an der Macht. Ob die weiteren Vorhersagen Le Pens eintreffen, wird die Zeit erweisen. Die Wahrscheinlichkeit ist groß.

Si, par hasard, Jean-Marie Le Pen perd un procès... Quelle publicité ! Mais quand il le gagne... Rien ! Voici les procès gagnés par maître Georges-Paul Wagner.

DATE	JURIDICTION	PERSONNES POURSUIVIES OU POURSUIVANTES	CONDAMNATION	MOTIF DE LA CONDAMNATION OU DE LA RELAXE
29 janvier 1980 24 avril 1980	Ch. d'acc. Nantes Cour de Rennes	Jean-Marie Le Pen, poursuivi Parquet de Nantes, poursuivant	Non-lieu	Il subsiste un doute qui doit profiter à Jean-Marie Le Pen sur son intention de provoquer à la discrimination au moyen d'affiches placardées à Nantes, aux mois d'avril et mai 1979 et disant «Un million de chômeurs, c'est un million d'immigrés en trop ; les Français d'abord».
14 janvier 1982	TGI Paris	JMLP et JF Jalkh poursuivants *TF1* et *FR3* poursuivis	Droit de réponse ordonné sur *TF1* le 14 janvier 1982.	JF Jalkh proteste contre la qualification d'extrémiste de droite qui lui a été appliquée sur *TF1* le 11/01/82, à l'occasion d'une élection dans la 4e circ. de Seine-et-Marne.
16 décembre 1982 15 juin 1983	17e ch. TGI Paris 11e ch. Paris	JMLP poursuivant — JM Théolleyre, Christian Echard, édit. et Sté des Ed. Messidor poursuivis	Relaxe — Condamnation 5 000 F dom. et int. — 1 500 F, art. 475-1 Code de procédure pénale, une publication par extrait.	Diffamations concernant JMLP dans un ouvrage de JM Théolleyre, *Les néo-nazis*, Edit. Messidor-Temps Actuel.
23 mars 1983 23 novembre 1983 13 novembre 1986 29 mai 1987 21 octobre 1989	17e ch. TGI Paris — 11e ch. Cour Paris Cour de cassation. Cour d'Orléans. Cour de cassation. Rejet pourvoi.	FN et JMLP poursuivants JJ Servan-Schreiber poursuivi	1 F dom. et int. — 2 000 F domm. et int. à JMLP — 2 000 F dom. et int. au FN — 3 000 F art. 475-1 Code de procédure pénale — 2 insertions	Injures contre JMLP au cours de l'émission du *Club de la presse* d'*Europe 1* du 30/01/83 «Le FN de JMLP qui est ouvertement raciste».
21 décembre 1983	TGI Paris	JMLP poursuivant — Georges Marchais poursuivi	1 F dom. et int. et dépens	Injures publiques par appel de G. Marchais aux électeurs de Dreux, le 6/09/83 disant : «Le Front national, c'est ouvertement le racisme le plus odieux, la violence en actes contre la démocratie».
12 mars 1984 — 21 juin 1984 — 20 janvier 1987 — 9 décembre 1987 — 11 juillet 1989 — 11 octobre 1990	TGI Montpellier. Cour de cassation. Cour de Paris. Cour de casstion Amiens. Cour de cassation	MRAP poursuivant JMLP poursuivi	Relaxe Relaxe devenue définitive (rejet pourvoi)	JMLP n'a pas commis de provocation à la haine raciale dans un propos qu'il aurait tenu et que lui avait attribué le *Midi Libre* en 1983.
6 juin 1984 23 avril 1985	17e ch. Paris 11e ch. Paris	JMLP poursuivant Jean Chatain et André Laloue, directeur de *L'Humanité*	800 F d'amende — 1 500 F de dom. et int. — 1 000 F art. 475-1 Code de procédure pénale. Une publication.	Diffamation publique, par article paru dans le journal *L'Humanité* du 14/09/83.
17 septembre 1984 22 novembre 1984	TGI Paris 4e ch. Cour Paris	JMLP poursuivant *TF1* et Stéphane Collaro	Interdiction de la marionnette Frankenpen, dans l'émission *Cocoricoboy*.	L'amalgame de l'image de JMLP avec celle d'un Allemand portant casque à pointe est une offense grave et odieuse dans l'émission *Cocoricoboy* du 6/09/84.
31 octobre 1984	17e ch. TGI Paris	JMLP poursuivant Hervé Bourges, dir. *TF1*, Michel Polac, Jean Cabut dit Cabu, Maurice Sinet dit Siné et JJ Loup	3 000 F d'amende à Michel Polac — 5 000 F de dom. et int. — 3 000 F art. 475-1 — 3 insertions.	Injures et diffamations publiques, par dessins accompagnés de légendes diffusés entre décembre 1983 et mars 1984 sur *TF1*. Le Pen victime d'un symbole (la croix gammée) et autres dessins de même inspiration.
1er février 1985 23 octobre 1985	17e ch. TGI Paris 11e ch. de la cour	JMLP poursuivant Serge July, directeur *Libération*	2 000 F de dom. et int. Une publication 3 000 F art. 475-1	Diffamation pour publicité, dans *Libération* le 13/07/84, de la première page du magazine *Zoulou*. JMLP en tenue de para français porte la croix de fer.
4 juillet 1985 15 janvier 1986 — 7 novembre 1989	17e ch. TGI Paris — 11e ch. Paris Cour cassation Paris	JMLP poursuivant Roger Fressoz *Le Canard enchaîné*	8 000 F de dom. et int. 4 000 F art. 475-1	Diffamations dans le *Canard enchaîné* des 4, 11 et 18/07/84, présentant JMLP comme un bourreau ayant torturé en Algérie et susceptible d'être poursuivi pour «crimes contre l'humanité».
4 juillet 1985 15 janvier 1986	17e ch. TGI Paris 11e ch. Paris	JMLP poursuivant Serge July, directeur *Libération*	10 000 F de dom. et int. — 4 000 F art. 475-1 — 2 publications de l'arrêt — Publication dans *Libération*.	Diffamation de JMLP présenté comme tortionnaire par deux articles de *Libération* du 12/02/85 et du 20/03/85.
8 juillet 1985 15 janvier 1986	17e ch. TGI Paris 11e ch. de la Cour	JMLP poursuivant Michel Polac	2 000 F d'amende — 8000 F de dom. et int. — 4 000 F art. 475-1 — Publication dans deux quotidiens.	Diffamation pour propos tenus par Michel Polac, au cours de son émission *Droit de réponse* du 15/09/84, faisant écho à l'article du *Canard enchaîné* sur les tortures.
11 juillet 1985 15 janvier 1986	17e ch. TGI Paris 11e ch. Cour Paris	JMLP poursuivant Jean Bothorel et Francis Esmenard, PDG des Edt Albin Michel	2 000 F de dom. et int. 3 000 F art. 475-1	Diffamation par le livre *Lettre ouverte aux douze soupirants de l'Elysée*, publié le 5/09/84, à la fois sur les tortures en Algérie et sur l'héritage Lambert.
16 décembre 1986	17e ch. TGI Paris 11e ch. Cour Paris	JMLP poursuivant JF Kahn (*L'Evénement du Jeudi*) et Bernard Veillet-Lavallée	3 000 F d'amende à JF Kahn et B. Veillet-Lavallée. 5 000 F de dom. et int. - 3 insertions	Diffamation dans *L'Evénement du jeudi* du 17/10/85. JMLP s'est fait accuser littéralement de meurtre sur la personne d'Hubert Lambert.
13 janvier 1987 — 13 janvier 1988	17e ch. TGI Paris — Arrêt de la cour	JMLP poursuivant Gérard Carreyrou, *Europe 1* et Jean-Maurice Demarquet	2 000 F d'amende à Demarquet et 3 000 F de dom. à JMLP — 3 000 F art. 47-1	Injure sur *Europe 1* à JMLP, le 17/10/85 par JM Demarquet.
31 mars 1987	17e ch. TGI Paris	JMLP poursuivant à titre personnel et comme légataire de Hubert Lambert, JM Demarquet, Jean-Claude Perdriel et Serge Raffy	Relaxe de Demarquet. Condamnation de JC Perdriel et de Serge July (*Nouvel Obs*) chacun à 10 000 F d'amende, 5 000 F de dom. et int. et 2 000 F art. 475-1.	Diffamation pour publication dans le *Nouvel Observateur* du 18/10/85 d'un article intitulé *La chute de la maison Le Pen*.
31 mars 1987 27 avril 1988	17e ch. TGI Paris — 11e ch.	JMLP poursuivant JP Elkabbach et JM Demarquet	2000 F d'amende à JP Elkabbach et JM Demarquet - 3000 F de dom. et int. et 1000 F art. 4759-1 par JP Elkabbach - 5000 F de dom. et int. et 2000 F art.475-1 par Demarquet. Publication dans 2 journaux	Diffamations au cours de l'émission d'*Europe 1* du 16/10/85 à 18h. L'héritage Lambert et les conditions de la mort de Hubert Lambert.

6

Auszug aus der Liste der fast ausnahmslos gewonnenen Prozesse innerhalb einer Dekade.

DATE	JURIDICTION	PERSONNES POURSUIVIES OU POURSUIVANTES	CONDAMNATION	MOTIF DE LA CONDAMNATION OU DE LA RELAXE
7 avril 1987 — 25 janvier 1988	17e ch. TGI Paris — 11e ch. Cour Paris	JMLP poursuivant JM Demarquet à titre personnel et comme légataire de Hubert Lambert	5 000 F d'amende. 10 000 F de dom. et int. 6 000 F art. 475-1	Violation du secret médical par JM Demarquet, dans une interview accordée à Alain Rollat (*Le Monde*) le 16/10/85.
21 novembre 1988	17e ch. TGI Paris	JMLP poursuivant André Fontaine, Alain Rollat et JM Demarquet	20 000 F de dom. et int. par André Fontaine, Alain Rollat et JM Demarquet (solidairement).	Art. paru dans *Le Monde* du 16/10/85 sous le titre *Le Front national en crise* et mettant en cause JMLP à propos de l'affaire Lambert, de son comportement envers les juifs et au sein du Front national.
27 novembre 1988	17e ch. TGI Paris	JMLP poursuivant S. July, Helvig et Annette Lévi-Villard (*Libération*)	S. July et Helvig, solidairement à 2 000 F de dom. et int. S. July et Lévi-Villard à 6 000 F de dom. (solidairement).	Diffamation par articles parus dans *Libé* du 16/10/85. Le Pen, tortionnaire et antisémite a en outre détourné l'héritage Lambert.
26 janvier 1989	11e ch. Cour Paris	JMLP poursuivant Philippe Alexandre	10 000 F de dom. et int. 6 000 F art. 475-1 Publication de deux extraits de l'arrêt.	Chronique de Ph. Alexandre sur *RTL*, le 5/05/87 attribuant à JMLP d'avoir dit : «Y a qu'à jeter les étrangers à la mer» et émettant des doutes sur l'origine du patrimoine de JMLP et sur l'origine des fonds du FN. Diffamation.
15 novembre 1989 28 février 1989	11e ch. Cour Paris 17e ch. TGI	JMLP poursuivant JP Pierre-Bloch et Renaud Guillot-Corail, directeur de *Demain notre 18e*	1 F de dom. et int. 5 000 F art. 475-1	Diffamation dans un article de *Demain, notre 18e*, d'octobre 1987, intitulé *Le Pen nazi, raciste, antisémite*.
1er mars 1989	1ère ch. TGI Paris	JMLP poursuivant Georges-Marc Bennamou (*Le Globe*)	20 000 F de dom. et int. Une publication dans *Globe* Dépens	Atteinte à la vie privée et diffamation dans *Globe* du 14/04 (interview de Pierrette Le Pen) présentant JMLP comme un homme violent, malhonnête, antisémite et libertin.
29 mars 1989	Tribunal de Police	JMLP poursuivant Philippe Villin, directeur de *France-Soir*	1 500 F d'amende. Insertion intégrale ordonnée de la réponse. 10 000 F de dom. et int. 3 000 F art. 475-1	Refus de droit de réponse opposé à JMLP pour un article de *France Soir* paru sous le titre *Pierrette ex-Le Pen a enfin trouvé son éditeur*, le 24/10/86.
19 avril 1989	17e ch. TGI Paris	JMLP poursuivant Guy Konopnicki	5 000 F de dom. et int. 4 000 F art. 475-1	Diffamation. Article paru dans *Le Matin de Paris* des 13 et 14/06/87 sous le titre *Pierrette et le pote aux laids*.
21 juin 1989	17e ch. TGI Paris	JMLP poursuivant Michel Polac	20 000F de dom. et int. 5 000 F art. 475-1	Diffamation de JMLP dans *Droit de réponse* du 16/05/87, présentant JMLP comme «homme irascible et violent».
25 octobre 1989	1ère ch. TGI Paris	JMLP poursuivant John Swain et *Sunday Times*	50 000 F de dom. et int. 6 000 F art. 475-1	Diffamation. Article paru dans le *Sunday Times* du 29/12/89 où il est affirmé que JMLP aurait reçu des fonds de Ceaucescu pour la candidature Pordea.
25 octobre 1989	17e ch. TGI Paris 11e ch. Cour Paris	JMLP poursuivant André Carrel directeur de *L'Humanité* et Claude Cabanes	8 000 F de dom. et int. 4 000 F art. 475-1 Une publication	Diffamations et injures publiques pour avoir dit dans un article de *L'Humanité* du 14/05/87 que JMLP était «fasciste par les techniques de dératisation appliquées aux sociétés humaines» et qu'il aimait «les Arabes saignant sous la torture».
25 octobre 1989	17e ch. TGI Paris 11e ch. Cour Paris	JMLP poursuivant René Vautier et André Carrel, directeur de *L'Humanité*	5 000 F de dom. et int. 5 000 f art. 475-1 Une publication	Diffamation. Article paru dans *L'Humanité* du 29/09/87 désignant JMLP comme «l'homme aux mains sanglantes» et l'accusant de tortures en Algérie.
20 décembre 1989 27 juin 1990	17e ch. TGI Paris 11e ch. de la Cour	JMLP et le FN poursuivant Roger Fressoz et Alain Guede (*Canard enchaîné*)	5 000 F d'amende. 20 000 F de dom. et int. pour JMLP et le FN 3 000 F art. 475-1	Diffamation pour avoir prétendu, dans un article du *Canard enchaîné* du 14/06/89, que l'argent des immigrés filait chez Le Pen et que le Front national empochait cet argent.
12 février 1990	17e ch. TGI Paris	JMLP poursuivant JF Kahn (*L'Evénement du Jeudi*)	5 000 F d'amende. 10 000 F de dom. et int. 3 000 F art. 475-1 Deux insertions	Article de JF Kahn dans l'*Evénement du jeudi* du 26/07/89 imputant à JMLP d'être sans complexe de l'idéologie nazie.
18 mai 1990 (frappé d'appel)	17e ch. TGI Paris	JMLP poursuivant André Hoschiller, dit A. Carrel, directeur de *L'Humanité*	5 000 F d'amende. 10 000 F de dom. et int. 5 000 F art. 475-1	Injures publiques pour caricature parue dans *L'Huma* du 23/11/89 attribuant à un militant FN le port de la croix gammée.
4 juillet 1990	1ère ch. TGI Paris	JMLP poursuivant David Saada, Olivier Ranson, Fonds social juif unifié, *L'Arche*	20 000 F de dom. et int. 7 000 F art. 475-1 Une publication	Pour s'être demandé dans le mensuel *L'Arche* de janvier 1990 «s'il existe une différence entre JMLP et Hitler». Injure.
11 juillet 1990	1ère ch. TGI Paris	JMLP poursuivant Alain Ayache (*Spécial dernière*)	50 000 F de dom. et int. 5 000 F art. 475-1 Une publication	Article de *Spécial dernière* du 27/01/90 accusant JMLP d'avoir reçu de l'argent de Ceaucescu pour la candidature Pordea.
14 novembre 1990	1ère ch. TGI Paris	JMLP poursuivant Philippe Amaury et *Le Parisien Libéré*	50 000 F de dom. et int. 6 000 F art. 700	Diffamation pour un article paru le 3/04/90 dans *Le Parisien Libéré* sous le titre *Ça fait peur*.
28 novembre 1990	1ère ch. TGI Paris	JMLP poursuivant M. Little et M. Scott Sullivan	1 F de dom. et int. 7 000 F art. 700	Article du *News Week* du 11/04/90.
28 novembre 1990	1ère ch. TGI Paris	JMLP poursuivant Costa-Gavras	50 000 F de dom. et int. 7 000 F art 700	Diffamation au cours de l'émission d'Anne Sinclair 7/7 sur TF1 du dimanche 4 mars 1990

7

Wichtigste Abkürzungen

Parteien und Parteiorganisationen

AN	–	Alleanza Nazionale (Nationale Allianz)
D.P.S.	–	Département Protektion et Sécurité (Abteilung Schutz und Sicherheit)
ENA	–	Ecole Nationale d'Administration (Nationale Verwaltungshochschule)
FLN	–	Front de la Libération Nationale (Nationale Befreiungsfront: Algerien)
FN	–	Front National
FNJ	–	Front National Jeunesse (Jugendorganisation des FN)
FPÖ	–	Freiheitliche Partei Österreichs
MDF	–	Mouvement pour la France (Bewegung für Frankreich)
MSI	–	Movimento Sociale Italiano (Soziale Bewegung Italiens)
PC	–	Parti Communiste (Kommunistische Partei)
PS	–	Parti Socialiste (Sozialistische Partei)
RPR	–	Rassemblement pour la République (Sammlungsbewegung für die Republik: Gaullisten)
UDF	–	Union pour la Démocratie Française (Union für die französiche Demokratie: Liberale)
VB	–	Vlaams Blok (Flämischer Block)

Personenverzeichnis

F

G

H

J

K

L

M

N

O

P

R

S

T

V

W

Y

Z

Vom gleichen Autor erschien:

Franz Schönhuber

Die verbogene Gesellschaft

Mein Leben zwischen NS-Erziehung und US-Umerziehung

368 Seiten
40 Bildseiten und Dokumente
Gebunden mit Schutzumschlag
ISBN 3 8061 061 8

Zeitgeschichte wird endlich aus den verstaubten Stuben deutscher Gelehrter geholt. Schönhuber zeichnet die zentralen Entwicklungsstränge für die Deutschen in diesem Jahrhundert nach. Die Zeit zwischen NS-Erziehung und US-Umerziehung wird dabei ebenso lebendig wie eindringlich geschildert, denn der Autor weiß, wovon er redet – er hat sie erlebt. Historischer Revisionismus wird in diesem aufrüttelndem Werk zum Brückenschlag für die Zukunft. Schönhuber erzählt von den Sackgassen der Geschichte und deutet auf überwachsene Pfade, die vielleicht in unberührtes politisches Neuland führen.
Als Soldat einer französischen Waffen-SS-Einheit erlebte Schönhuber ein anderes Europa, als Journalist an führenden Positionen in der Bundesrepublik das andere Gesicht dieser Republik.
Mechanismen unserer „Mediendemokratur" werden vom Autor schonungslos aufgedeckt.
Schönhuber warnt und mahnt als Politiker mit Zukunftsvisionen, der seinen Weg vom Parteiführer der deutschen Nachkriegsrechten zum geistigen Architekten einer neuen Ordnung gefunden hat.
Mit seinem neuesten, vielleicht reifsten Werk unterstreicht der Autor nachdrücklich seine Führungsrolle als geistiger Vordenker einer neuen deutschen Opposition.

Franz Schönhuber

IN ACHT UND BANN

Politische Inquisition in Deutschland

2. Aufl. – 416 Seiten
90 Bilder und Dokumente
Gebunden mit Schutzumschlag
ISBN 3 8061 048 0

Auf dem Weg in ein neues Jahrtausend sind die Deutschen ohne Mut und Kraft.

Die verantwortliche Politiker-Klasse tut nichts gegen diese verhängnisvolle Entwicklung. Aber alle patriotischen Kräfte und Regungen in Deutschland werden gnadenlos bekämpft. Der Verfassungsschutz bespitzelt wie weiland die Stasi nichtkonforme Politiker, Publizisten und Medien; die Justiz fängt an, diese zu bestrafen, etablierte Medien unterstützen diese Hatz.
Franz Schönhuber hat in dieser Situation eines sich abzeichnenden geistigen Bürgerkrieges sein nunmehr sechstes Buch vorgelegt. „IN ACHT UND BANN – Politische Inquisition in Deutschland" sind Reflexionen eines Politikers, der als Gründer der Partei der „Republikaner" wie kaum ein anderer die politische Landschaft in Deutschland durcheinander gebracht hat. Schönhuber goß einen vorwärts gewandten Patriotismus in die Formen einer politischen Partei und schuf damit die Grundlagen für künftige politische Veränderungen. „IN ACHT UND BANN" ist gleichzeitig Resümee wie Vision für einen deutschen Neuanfang.
„IN ACHT UND BANN" gibt den Blick frei auf die äußeren und inneren Zustände dieser Republik. Von einem nationalen Geist der Freiheit getragen, wird es den Anstoß zu dringend nötigen politischen Veränderungen geben.

Pressestimmen:
„Totgeschwiegene leben oft länger als es den Spezialisten von Schweigespiralen lieb ist. Ob das bundesrepublikanische Feuilleton dies noch weiß? Franz Schönhuber berichtet in seinem neuesten Buch über seine Zeit im Europa-Parlament und seine Erfahrungen als Ex-Chef der rechtspopulistischen Sammlungspartei DIE REPUBLIKANER. Obwohl die REPS in den achtziger Jahren noch in aller Munde waren und nicht nur von Teilen der Linken als neue Rechtsaußen-Partei geortet wurden, schweigt sich die veröffentlichte Meinung über dies (streckenweise durchaus selbstkritische) Buch bisher beharrlich aus. Nicht gerade ein Beweis für die Argumentationsstärke der bundesrepublikanischen Publizistik..."
Tilman Fechter in: Die neue Gesellschaft – Frankfurter Hefte, Frankfurt, Mai 1996